KB260875

제자, 스승에게 길을 묻다

이선민 · 최홍렬 엮음

『제자, 스승에게 길을 묻다』는 조선일보에 2004년 8월 10일부터 2005년 3월 1일까지 같은 이름으로 주간 연재된 것을 묶은 것이다. 이 연재물은 유종호 연세대 석좌교수(당시)와 김미현 이화여대 교수의 대담으로 시작해서 송수남 화백과 문봉선 화백의 대담에 이르기까지 학계, 문화 예술계, 경제계를 두루 망라하여 모두 24쌍의 스승과 제자가 학문과 예술, 그리고 우리 사회의 주요 문제들에 대해 깊이 있는 대화를 나누었다.

『제자, 스승에게 길을 묻다』는 신문에 연재될 당시 예상을 훨씬 넘어서는 좋은 반응을 얻었다. 원래 10회 정도로 예상했던 것이 회사 안팎의 성원에 힘입어 늘어났고, 결국 7개월 가까이 계속되는 장기 연재물이 됐다. 신문의 한 면을 모두 할애하는 대형 기획이 해를 넘기면서 이어지는 경우는 점점 호흡이 짧아지고 있는 우리 언론의 상황에서 매우 이례적이다. 이는 우리 사회가 앞으로 가야 할 '길'에 대해 분명한 비전을 갖지 못하고, 원로들로부터 그 답을 듣고 싶은 갈망을 갖고 있었다는 점을 말해 준다.

이 기획은 원래 조선일보 최홍렬 기자(당시 문화부 근무)와 민음in 장은수 대표의 대화에서 시작됐다. 2004년 초 이런저런 이야기를 나누던 두 사람은 2002년 말 대통령 선거 이후 우리 사회에 크게 부각됐던 세대 간 갈등의 심각성에 화제가 미쳤다. 점점 거리가 멀어지고 있는 '산업화 세대', '민주화 세대'의 대화와 상호 이해가 필요하다는 데 의견을 함께한 두 사람은 60~70대 원로에게 그 제자인 40대 중견이 평소 궁금하던 것들을 질문하는 방식을 구상했다.

이 같은 아이디어는 조선일보 문화부 회의에서도 좋은 반응을 얻었다. 그래서 먼저 각 분야별로 대표적인 원로들을 선정하는 작업에 들어갔다. 그리고 그들로부터 자기를 잘 이해하고 편하게 대화할 수 있는 제자들을 추천받았다. 스승과 제자가 나누는 대화의 주제는 두 사람이 상의해서 결정하고 정리는 제자가 맡기로 했다. 전체적인 기획의 진행은 이선민과 최홍렬 두 사람이 담당하고, 각 분야별 인사들의 인선과 섭외는 담당기자들의 적극 지원을 받았다.

신문에 연재했던 『제자, 스승에게 길을 묻다』를 책으로 묶기 위해서는 약간의 가공 작업이 필요했다. 일부 원고는 당초 신문의 지면 제약으로 생략했던 부분을 살렸고, 또 일부 원고는 신문에 실린 것을 보완했다. 그리고 주제별로 크게 네 부분으로 나누고, 각 부분 안에서는 스승들의 나이순으로 배열했다. 신문에 연재될 때부터 "언제 책으로 묶느냐?"는 질문을 받던 것이 꼬박 한 해를 넘겨 이제야 간행되는 것은 관련되는 사람들이 워낙 많고, 그동안 엮은이들이 인사 이동 등으로 당초 계획에 차질이 빚어졌기 때문이다. 이제 비록 늦었지만 '스승의 날'을 앞두고 책을 내게 되니 오랜 짐을 내려놓는 듯하다.

책으로 모아진 원고를 읽으면서 새삼 느끼는 것은 참 좋은 기획이었다는 점이다. 각자 자기 분야에서 수십 년 동안 한 우물을 파면서 자타가 인정하는 일가(一家)를 이룬 원로들이 평생의 온축을 담아 털어놓은 육성(肉聲)에는 한마디 한마디에 보통 사람들에게서 찾기 어려운 무게가 실려 있다. 또 이들 원로의 가르침을 받으며 성장한 중견들은 이제 스승에 대한 존경과 예의를 깍듯이 갖추면서도 시대의 변화를 적극 받아들이고 새로운 세계를 열어가려는 도전과 의지를 보여준다. 따라서 여기에 실린 글들은 제자가 스승의 교시(敎示)를 받아 적는 차원을 훨씬 넘어서서 지금 우리 사회의 핵심을 이루는 두 세대를 대표하는 인사들의 진지하고도 통찰력 있는 대화를 담고 있다.

2년 전 시작된 『제자, 스승에게 길을 묻다』 기획이 이렇게 좋은 결실을 맺게 되기까지는 여러 분들의 도움이 있었다. 먼저 이 기획의 취지에 흔쾌히 동의하시고 귀한 시간을 내어 대담에 응해 주신 마흔 여덟 분께 감사드린다. 그리고 신문에 연재될 당시의 이상철 조선일보 편집국장(현 월간조선 대표이사)와 박선이 문화부장(현 문화부 선임기자)의 적극적인 지원이 없었다면 이 기획은 성공할 수 없었을 것이다. 또 김광일 당시 문화부 부장대우(현 문화부장)를 비롯한 문화부 동료 기자들의 적극적인 참여로 각 분야의 최고 인사들을 모실 수 있었다. 이 모든 분들이 함께 만든 이 책이 부디 독자들의 '길' 찾기에 도움이 되었으면 좋겠다.

2006년 5월

이선민, 최홍렬

책을 펴내며

1 _ 문 학 과 예 술

2 _ 역사와 철학

3 _ 여성과 아동

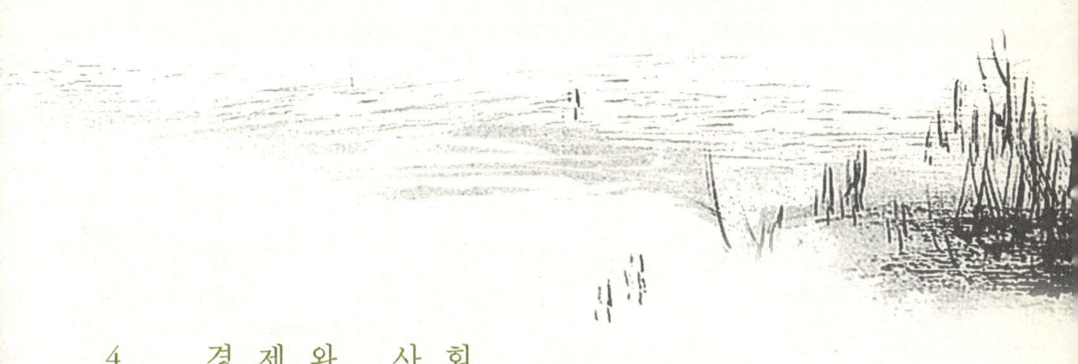

4 _ 경 제 와 사 회

문학과 예술

요즘 음악에서 신명을 중요하게 여기는 경향이 있지만
한을 뱃속에 머금고 스스로 우러나는 신명이라야 합니다.
건성으로 신명만을 좇는 음악은 천박함을 면할 수 없습니다.
올림픽에서 금메달을 따는 순간은 최고의 환희를 만끽하는 순간인데도
선수들이 웃기 보다는 눈물을 흘립니다.
오랜 시련을 겪으면서 뱃속에 머금고 있는 한으로부터 우러나오는 환희,
즉 신명의 순간이기 때문입니다.
우리 전통 음악에서 한과 신명은 동전의 양면과 같은
관계를 이루고 있습니다.

차범석 —— 조광화

1980년대 중반 영극무대리는 중앙대 극회에서 활동하던 조광화는 차범석의 「산불」을 읽고 큰 충격을 받는다. "넘치거나 부족하지 않고 이야기와 대사, 인물의 짜임새가 빈틈이 없었기 때문"이다. 극작가가 되기로 결심한 그에게 차범석의 희곡은 교실이자 스승이었다. 이들을 사제(師弟)로 이어준 또 하나의 작품은 조광화의 대표작이자 연출 데뷔작 「남자충동」(1997). 조광화는 차범석의 고향 목포를 무대로 한 이 연극을 준비하며 "선생님 모시고 목포에 한번 다녀오고 싶다."는 청을 드리기도 했다. 차범석은 1955년 《조선일보》 신춘문예로 등단해 극단 산하 대표, 연극협회 이사장, 한국문화예술진흥원 원장, 예술원 회장 등을 지냈다. 대표작으로는 「산불」, 「불모지」, 「옥단어」 등이 있다. 1992년 《문화일보》 공모로 등단한 조광화는 「종로고양이」, 「미친 키스」, 「남자충동」 등의 희곡을 썼고 연출가로도 맹활약하고 있다.

예술은
승부가 아니라
기다림의 세계요

조광화 선생님과 말씀을 나누게 된 것을 크나큰 영광으로 생각합니다. 비록 외람된 물음일지라 해도 나무라지 마시고 살아오신 삶에서 얻으신 귀한 깨달음들을 나누어 주시면 고맙겠습니다. 우선 자가용, 신용카드, 휴대 전화를 안 쓰는 선생님의 '3무(無)'는 여전하신가요? 그리고 왜 그런 원칙을 지키시는지요?

차범석 못 오를 나무는 쳐다보지 말아야지. 자동차를 유지하려면 기백만 원 가져야 해요. 신용카드를 봐요, 사회 문제가 돼서 엉망이잖아.

조광화 카드 같은 경우는 유사시를 대비해 갖고 계시다가 평소에 안 쓰시면 되는데요.

차범석 그게 어디 그렇게 되나. 갖고 있으면 쓰고 싶어지죠. 휴대 전화는 바쁜 사람이나 필요해요. 사업하는 사람들 말이야.

조광화 불편하진 않으세요?

차범석 주변이 불편하지 난 안 불편해요. 난 남에게 얽매이고 싶지 않거든. 빚지는 것은 얽매이는 거 아닌가? 자유롭게 살아야 해요. 선생으로 일하던 시절, 환경 미화에 '자유'라고 썼어요. 자기 식대로 살려면 남에게 빚을 져서는 안 되지요. 나를 인위적이게 하는 물건은 안 쓰는 것뿐이에요. 내가 빚에 대해 결벽증이 있어요. 외상술 같은 거 안 먹어요, 마음이 불편해지니까. 방송국 시절 월급 날인데 사람이 없어요. 혼자 있으면 여기저기서 외상값 받으러들 와요. 왜 도망가요? 빌리면 반드시 갚아야죠. 빚은 마음을 불편하게 해요. 난 유산도 안 받았어요. 내가 땀흘려서 얻은 게 재산이지.

조광화 저는 물욕이 자꾸 생겨요. 전엔 돈에 욕심이 없었는데 말이죠. 제가 세상에 가지는 단 하나의 욕심은 이름을 얻는 것이라 생각했습니다. 그런데 지금은 물욕이 자꾸 생겨요. 갖고 싶은 것이 많아졌습니다. 그런데 선생님께서는 물욕이 없단 말씀이세요?

차범석 없어. 딱 한 번 있었는데 바로 '집'이었어요. 책이 많아서 이사 다니기 힘들어 집을 갖고 싶었죠. 집에 대한 욕심은 집요해서 6~7년만에 결국 연립 주택을 구입했어요. 문예진흥원장 월급이 400만 원이 넘는데 예술원 회장은 120만 원입니다. 그래도 난 예술원 회장이 좋았어요. 실리보다 명분을 더 중요하게 여기죠. 난 연극이 내 인생의 목적이에요. 행복하게 사는 게 목적이지. 수단 없이도 행복

할 수 있어요. 물질적 삶은 자신 있어. 전쟁 때 문전걸식하며 서울
에서 목포까지 걸어서 갔어요. 어떤 상황에서도 살 자신이 있어요.
집에 물건들 다 구닥다리예요. 휴대 전화를 선물받았는데 집에 두
었더니 손자가 가져갔어요.

조광화 모든 문화가 지나치게 어린 감각으로 변해 가고 있습니다. 이걸 어
떻게 받아들여야 할까요? 저도 작품을 만들 때마다 20대의 감각이
무슨 주문처럼 괴롭힙니다. 그들이 주관객층이라 그들의 입맛을
완전히 외면할 수가 없거든요.

유행이란 무조건 따라 하기예요.

다양성이 없는 제복이고 군국주의죠.

차범석 유행이란 무조건 따라 하기예요. 자기 것이 아니지요. 다양성이 없
는 제복이고 군국주의입니다. 내 체질에 맞는 것이 내 것이죠. 가
장 어리석은 것이 성형 수술이에요. 모두 차인표나 김지미처럼 되
려고 하잖아요. 주변을 의식한 개성이란 자기가 쟁취한 개성이 아
니지요.

조광화 그렇습니다. 개성, 개성하는데 현 세대가 오히려 몰개성인 듯합니
다. 오히려 획일화 일색이었던 옛날이 그 안에서 각자 개성이 있었 .

던 것처럼 느껴져요.

차범석 주변 눈치 보고 따라 하다 보면 자꾸 쫓아가느라 조급해져요.

조광화 관록의 배우들, 관록의 전문가들이 사라져 갑니다. 젊은 사람들이 선배를 거부하는 걸까요, 선배들이 시대를 못 쫓아가는 걸까요? 인생의 각 단계마다 주는 기품이 다를 텐데요. 그 나이의 성장을 담을 수 있는 작품, 늙어서까지 정열을 유지하는 배우, 무대와 함께 늙어가는 관객, 이 모두가 아쉽습니다.

차범석 걱정 말아요. 떠날 사람은 떠나게 돼요. 남아 있는 사람이 책임지면 되니까. 예술은 승부가 아니에요. 지속적으로 해야죠. 확산을 기다려야죠. 돈벌이와 관련되면 맥이 끊어져요.

조광화 지속성을 유지할 동안의 보호가 필요합니다.

차범석 힘을 키워야죠.

조광화 옛날 도제식 사제 관계는 거의 사라진 듯합니다. 어릴수록 자기만의 감각을 주장하고 스승의 그늘에 있기를 거부하고 있지요. 한편 후배들을 가르치고 친해지고 싶지만 그들이 불편해하는 것도 느낍니다. 제 스스로 불편해하니 그들도 그럴지 모르지요.

차범석 도제는 60년대 후반 유학생들이 동인제를 하면서부터 없어지기 시작했어요. 이제는 동인제도 무너지고 PD 시대죠. 너도나도 시조(始祖)인 시대예요. 장충동에 가 봐요. 모두가 원조 족발집이에요.

네 밑으로 가기 싫다! 다들 그런 거죠. 그러다 기초가 없어지고 맥락이 없어져요. 군웅할거 전국시대인 거죠. 일본 무용가는 자기를 소개할 때 누구한테 배웠습니다, 이렇게 소개해요. 자기의 뿌리를 자랑스러워하는 거지요.

조광화 어린 제자나 후배들을 위해 하시고픈 말씀이 있으십니까?

차범석 모든 일은 10년 공부예요. 그걸 감당할 수 없는 사람은 떠날 수밖에 없어요. 10년 공부란 것은 기초를 튼튼히 하는 것이죠. 매킨토시 다큐멘터리에서 보니 「미스 사이공」 연습실에서 연습을 하다 틀린 곳을 지적하고 맞는 키를 눌러요. 제작자지만 음악을 알아요. 바닥부터 배우는 것이 기초 학습 아닌가요?

조광화 이 작은 한국 땅에서, 또 연극판 안에서 서로 싸움들을 해요. 바람직한 라이벌, 좋은 경쟁자는 어떻게 만드나요? 어떻게 질투를 극복하셨는지, 또 묵묵히 자기만의 길을 걷는 비결은 무엇이었나요?

차범석 남을 인정해야 합니다. 나와 동색이 아니면 인정하지를 않아요.

조광화 경쟁자, 라이벌마저도 인정하라고요? 그게 어떻게 가능하죠?

차범석 그의 장점을 봐야죠. 남들이 못 보는 그의 장점을 발견할 수 있어야 해요. 이런저런 심사 때 나는 사실주의 작가지만 모두 인정하지 않는 비사실주의 작가 오태석을 인정했어요.

조광화 선생님의 「산불」은 사실주의의 대표 작품으로 알려졌습니다. 지금은 '일상'이라는 말로 그 자리를 대신하지 않았나 합니다. 사실주의는 아직 유효한가요? 사실주의적 태도는 무엇이고 지금도 삶에 어떤 영향을 줄 수 있다고 생각하십니까?

차범석 무슨 사실주의? 사실주의 제대로 한 적 없어요. 6·25와 함께 없어졌죠. 현대 연극의 방향은 대사 절약이에요. 이러다 마임해야 하지 않나 싶어요. 사실주의 정신은 객관적으로 사물을 보는 거예요. 그러지 못하니 모든 게 이분법적이 되지요. 좌익 우익 둘 중 하나만 택하라는 식이죠. 사실주의는 사회 개혁이 가능하죠.

조광화 사실주의는 객관적으로 사물을 보는 것이라 하셨는데, 우리 사회는 진실을 덮어 두려는 경향이 있습니다. 청소년 문제가 심각해도 내 자식만은 안 그렇다고 덮어 버리고, 대학생 데모가 연일 방송에 나와도 내 자식은 도서관에서 공부한다고 생각해 버립니다.

차범석 국회의원 부패, 재벌 비리, 은행원 횡령, 교육계 비리, 국방 비리, 이라크 파병 등 쓸 게 많아요. 그런 것을 했으면 관객도 달라졌을 거예요. 우리가 못한 것이죠. 관객이 사실주의를 재미없어한다고요? 아녜요. 보여 준 적이 없어요. 어딘가 진실을 보고 싶은 사람이 있어요. 연극은 사회를 개혁할 수 있다는 꿈이 있지요.

조광화 연극뿐만 아니라 문학 등 시대를 읽어야 할 예술이 그런 기개를 잃어버린 건 아닐까요?

차범석 그런 작품을 만드는 것도 보는 것도 위험시하고 있죠. 즐거운 오락
도 있어야 하지만 개혁하려는 것도 있어야죠. 많은 사람을 공감시
키면 개혁할 수 있어요.

연극은 진실을 마주하는 장르지요.

대중 문화가 다 천박한 것은 아니에요.

조광화 연극은 진실을 마주하는 장르라 생각합니다. 또한 예술은, 특히 드
라마는 시대를 읽는 지표가 되어야 한다고 생각해요. 이 시대 작가
는 무엇을 말해야 하나요?

차범석 뭐가 되었든 제대로 이야기하면 돼요. 귀찮으니까, 안 팔리니까 등
등 이유를 달고 피하면 안 돼요. 집요하게 물고늘어져야죠. 잘되면
환영받아요. 대중 문화가 천박하지만 모두가 그렇진 않죠. 바닥에
사회성이 깔려 있으면 돼요. 이념이 있으면 감동을 주죠.

조광화 우리나라는 제대로 가고 있는 걸까요?

차범석 문화 등 겉으로 풍성하지만 얄팍해요. 근본 원인은 의지를 펼칠 기
회가 있어야죠. 문광부장관을 볼까요? 김대중 정권 5년 동안 장관
이 다섯 명이었죠. 문광부장관 되고서 이창동이 인사 왔는데, "한
3년 있으시오." 했어요. 그런데 1년 정도 하고 물러났잖아. 이게 뭐

냐고요. 소신을 가졌을 때 밀어 줘야죠. 인수 인계도 제대로 안 되고, 바뀌면 처음부터 다시 시작이에요. 맥이 없고 내일이 없어요. 오늘 이 순간만 봐요. 꿈이 없고 낭만이 없어요. 꿈을 키워 줘야죠.

조광화 선생님의 현재 꿈은요?

차범석 나는 지금도 꿈을 꿔요. 극장을 지어야 하는 꿈을요.

조광화 지금은 온갖 이미지들이 넘쳐납니다. 진실보다는 포장된 걸 보는 데에 익숙하고 좋아하는 거지요. 시각적 황홀경의 시대예요. 이미지 과잉의 문화에 대해 어떻게 생각하십니까?

차범석 역사는 흘러가요. 지금 현재 사람이 뭐라 못하죠. 그게 전부가 아니지요. 이탈리아의 바티칸은 수백만 명이 봅니다. 지식이 있건 없건 위대하다고 느껴요. 그것이 문화입니다. 우리 문화 정책은 어떤가요? 저기 다른 나라에 뭐가 있다고 하면 가져와요. 열려 있는 걸 가져오는 건 안 됩니다. 심고 가꾸어서 열리게 해야죠. 길게 가야 해요. 이기기 위해 도제, 동인제, 사실주의극이 필요해요. 사실주의가 만능이라는 것이 아녜요. 이것도 저것도 필요한데 사실주의가 없다는 겁니다. 강물처럼 흐르는 것이 문화입니다. 유행가가 아녜요. 다 나중에 알게 돼요.

조광화 수많은 형식의 예술들이 명멸을 반복합니다. 수많은 여흥거리들 속에서 연극은 사라질 수도 있지 않나요?

차범석 연극은 사람 이야기를 다루는 것이죠. 사람이 없어진다면 그때라야 연극이 사라지겠죠. 세상에 애증이 있는 한 연극은 이어져요.

조광화 극작에 회의를 느끼신 적은 없는지? 어떻게 이겨 내셨는지요?

차범석 극작에 회의 없었어요. 회의를 품는 건 그게 수단이었을 때 그렇죠. 대학 입학이 보통 붙고 보자는 식이지만, 입학의 목표가 희곡이고 연극하자는 거였어요. 먹고사는 수단으로 직장도 가졌지만 늘 연극이 목적이었어요.

조광화 저는 올해 마흔입니다. 좀 엄살 피는 것 같지만 산술적 나이로 중년에 접어들었습니다. 허송 세월한 시간들에 아쉬움이 큽니다. 선생님께서는 중년을 맞는 감회가 어떠셨는지요? 중년이란 어떤 시기고 어떻게 보내야 할까요?

차범석 특별한 생각 없었어요. 난 나이를 의식하지 않아요. 책임지는 것을 의식하지 않아요. 뭐를 챙겨야 하는데 이러고 있을 수 없다는 등의 생각들은 버려요. 나이를 의식하면 허영이 와요. 어깨에 힘 주고 권위주의가 돼요. 신뢰감을 얻어야죠. 자기 일에만 성실하면 신뢰감을 얻게 돼요.

조광화 이제 선생님은 모든 걸 두고 물러나야 할 때가 되셨습니다. 뭔가 억울하지 않으신가요? 아직도 더 할 수 있고 잘하는데 그런 상황을 받아들이실 수 있습니까?

차범석 작가로서는 은퇴를 생각한 적 없어요. 작가는 은퇴가 없죠. 다른
건 스스로 물러나야죠. 방송국, 학교 다 먼저 사표 냈어요. 자리에
연연하지 않아야죠.

조광화 물러날 때를 아는 비결은 뭔가요?

차범석 사람은 박수 칠 때 떠나야 합니다. 이 이상 아니다 느낄 때 떠나야죠.

사회 각계에 어른이 없다는 소리가 들립니다.
침묵의 소리도 꿰뚫어야 어른 노릇 할 수 있죠.

조광화 사회 각계에 어른이 없다는 소리가 들리고 있습니다.

차범석 보살피는 어른이 적어요. 무언중에 행동해야죠. 행동은 안 하고 말
로 하니 부작용이 이는 거예요. '침묵의 소리'를 들을 줄 알아야
어른 노릇 할 수 있어요. 소리나는 것만 상대하면 안 돼요. 여론도
소리 안 나는 여론이 있죠. 오피니언 리더보다는 택시 기사의 소리
를 들어야죠. 이로운 것만 들으면 귀가 멀게 되어 있어요.

조광화 전 어릴 때부터 멋지게 늙고 싶었습니다. 지금도 가끔 제 노후의
모습을 상상해 보곤 하는데요, 멋있게 늙는 비법이 무엇인가요?

차범석 자기 자랑을 안 해야죠. 그리고 자연스러운 게 정답이죠. 댐을 만
드니까 강이 망가져요. 여든 살 넘은 현역 작가는 거의 없어요. 나

이가 어려도 속이 늙은 사람도 많고요. 내면이 젊은 비결은 바로 자유! 난 간섭이 싫어요.

조광화 저 역시 마음 가는 대로 여유롭게 살고 싶었습니다. 그런데 무언가에 끌려 다닌다는 기분을 떨칠 수가 없어요. 할부로 물건을 사고 평생 그것을 갚느라 노동하는 자 같은 기분이 들 때가 있습니다. 자유롭지 못한 기분은 경제적인 쫓김, 재능에 대한 불안, 증오 같은 부정적 마음 등으로 허둥지둥할 때 더욱 느끼지요. 선생님께선 나름대로 자유롭게 살아오신 듯합니다. 그 비결은 무엇인가요?

차범석 남이 하니까 하는 거, 싫어요. 남들처럼 인기 있고 돈 버는 시나리오나 써볼까? 아니다. 그냥 내 살고 싶은 대로 살아야죠. 마음 내키는 대로 살아요. 비아그라 단박에 안 됩니다. 자연스러움에 귀의해야죠. 체면치레로 억지로 세우려 들지 말아요.

조광화 자제분과 같이 살지 않는 이유도 그럼…….

차범석 자유지. 홀라당 벗고 싶을 때 벗고. 며느리 음식이 짠 데도 맛있다고 하면 안 돼요. 짜면 짜다고 해야지. 인기를 얻으려고 맛있다고 그래요?

조광화 하지만 자기 길을 가는데 자꾸만 주변에서 흔들어댑니다. 가만히 내버려두지 않는 세상에서 중용을 지키는 비결은요?

차범석 비결이 어딨나? 그냥 살다 보면 터득하는 거지요. 남의 성공 사례는 참고 사항일 뿐이에요. 희곡 작법이 있다는 건 가짜예요. 스스로 나오는 것이지요. 전라도 음식은 간이 맞는 게 중요해요. 인생도 간이 맞아야 하죠. 전라도 음식은 소금으로 먼저 간을 하고 그 다음에야 설탕을 써요. 통조림 파인애플의 단맛은 설탕으로 내는 게 아니라 소금으로 내요.

조광화 이율 배반으로 맛을 내네요.

차범석 반대되는 것에 진리가 있지요.

조광화 한 동안 한강에서 자전거를 탔는데요, 저는 거기서 밝은 기운을 봤습니다. 사람들이 참 건강했어요. 이민 간 선배가 몇 년 만에 한국에 와서 아이들을 보니 얼굴이 참 밝아졌다고 말했어요. 그래서 이 나라의 미래가 참 밝구나 하는 생각을 했지요.

차범석 위기, 위기하는데 좋은 거 봐야죠.

조광화 선생님과 저의 문답은 제가 부정적인 내용을 물으면 선생님께서는 뭐 그거 고민해, 좋은 것만 봐, 이런 식이었군요.

차범석 좋은 걸 보다 보면 좋아져요.

유현목──김성수

1986년 가을, 영화 「오발탄」을 보고 감독이 되기로 한 젊은이가 찾아왔다.
"감독님 슬하에서 영화를 배우고 싶습니다." "어쩌나, 난 이제 영화를 안 찍는데.
정히 배우고 싶으면 대학원에 들어와." "공부를 별로 한 게 없어서……." "영어는 좀 하나?" "네." "그럼 됐어."
우리 시대 최고의 리얼리즘 감독인 유현목과 스타일리스트 감독 김성수의 인연은 그렇게 시작됐다.
유현목은 분단의 비극을 그린 1961년 영화 「오발탄」으로 시작, 「김약국의 딸들」, 「잉여인간」,
「순교자」, 「카인의 후예」, 「불꽃」, 「장마」 등을 통해 인간의 외적 조건과 내적 고뇌를 성찰해 왔다.
세종대 영문과를 거쳐 동국대 대학원에서 유감독을 사사한 김성수는 단편 「비명도시」로 주목을 받기 시작,
「런 어웨이」, 「비트」, 「태양은 없다」에서 세상과 충돌하는 패배한 젊은이들을,
「무사」를 통해 영화로 민초들의 역사 쓰기를 시도했다.

영화는
시간과 공간을 아우르는
생명체적 체험이야

김성수 선생님, 예전에 제가 학교 다닐 때 도라지 세 갑씩 피우시곤 했는데, 요즘도 여전하시네요. 건강하신 것 같아 다행입니다. 최근의 한국 영화 상황을 르네상스라 하지만, 이미 50~60년대에 영화 황금기가 존재하지 않았습니까?

유현목 우리 이전 시대 영화는 그저 스토리텔링에 불과했어. 우리 세대가 활동하면서 영상으로서의 영화라는 데 생각이 미치기 시작한 거지. 그러나 실제적으로는 이승만 정권 말기, 영화 입장료 면세 조치를 하면서 르네상스가 왔다고 봐야겠지. 「춘향전」(1961)이 그 혜택을 보았고. 남대문 상인들까지 영화에 투자할 정도였으니까. 그저 감독이 시나리오를 보여주면 전주(錢主)들이 돈을 대는 상황이었어. 전주들이 영화를 모르니 감독들은 찍고 싶은 영화를 마음대로 찍을 수 있었고. 이렇게 해서 작가주의가 시작됐네.

김성수 저는 일종의 미학적 경향 때문이라고만 생각했는데, 자본 문제가 있었군요.

유현목 한 해 200편까지 나오곤 했지. 그러니 어떤 배우는 심지어 20편을 동시에 촬영할 때도 있었어. 신인 감독의 진입도 쉬워졌지. 양(量)이 질(質)을 지배한다는 논리엔 수긍을 하지만, 양에 함몰되는 순간 그때부터 매너리즘에 빠진 것도 사실이야.

김성수 어쩔 수 없이 「오발탄」 얘기를 꺼냅니다. 제가 영화를 하기로 마음 먹은 것도 대학 영화제에서 「오발탄」을 보고 나서였거든요. 제 조감독 역시 버클리 대학에서 심리학을 하다가 「오발탄」을 보고 영화로 업을 바꾸었답니다.

그 시대에 「오발탄」 같은 영화가 만들어졌다는 것이 지금도 뿌듯합니다. 마지막 장면에서 송철호가 택시를 타고 "가자, 가자." 중얼거리는 장면은 아직도 저를 전율케 합니다.

유현목 6·25 동란 후 거리에는 못 먹어서 누렇게 뜬 얼굴들이 가득했고, 자유당 정부의 부정부패는 만연했지. 거리로 뛰쳐나온 젊은이들의 구호에 4·19를 예견케 하는 대목이 많은 시기였어. 1959년이 되자 이런 얘기를 영화로 만들지 않으면 안 된다는 절박한 생각에 빠졌지. 「25시」와 「이방인」처럼 방향과 목적을 상실한 세대를 형상화하는 세계적 흐름과 우리의 구체적 상황이 맞아떨어졌다고나 할까. 5·16 쿠데타 후에는 "가자, 가자." 하는 것이 북으로 가자는 것이 아니냐며 상영 중지되기도 했지.

김성수 「오발탄」은 한국영화 베스트를 꼽으면 늘 1위로 꼽히는 명작이라는 데 이론이 없습니다. 「오발탄」은 리얼리즘의 뿌리 같지만, 인간 관계가 작은 우주처럼 얽히며 동시에 심리적인 롱테이크 달리 쇼트, 이중노출 쇼트의 반복 오버랩, 무대 양식의 세트 공간 같은 모던한 화면 등 표현주의적인 요소가 많습니다.

감독님은 최고의 리얼리스트라는 칭호도 어울리지만 형식에 대한 실험도 돋보입니다.

유현목 종합 예술로서의 표현 양식을 생각할 때만 그것이 영화라고 생각해. 나는 늘 "영상적으로 사고한다."고 말할 정도로 영상의 의미를 강조해 왔어. 서울의 골목을 봐. 수만 개인데도 그것들의 모양새가 다 다르잖아. 나는 그 골목을 하나 선택하는 데 며칠이 걸릴 정도로 영상에 집착을 했지.

나 역시 자네의 「무사」를 보고 어떻게 저렇게 기술적으로 탁월한 영상미를 잡아냈을까 탄복했다네.

김성수 제게 영화는 상상하는 것들을 실현시키는 쾌감입니다. 머릿속에서 그려 본 것을 재현하는 즐거움이야말로 영화를 만드는 모든 이와 그걸 보는 이의 쾌감이라 생각하지요. 사람은 그런 바람과 욕망 없이는 살아가기 힘드니까요. 영화란 그걸 보는 사람을 충분히 설득시킬 만한 가상 현실이 될 때 비로소 감동시키는 것 같습니다. 감독님께 영화는 어떤 존재입니까?

관용과 사랑의 미덕이 소중함을 알려 준 것은

나이가 아니라 영화라는 작업이었네.

유현목 내가 「죄와 벌」(1935년 피에르 슈날 감독)을 열네 번이나 봤다는 말을 했을 거야. 마지막에는 말라리아에 걸렸는데도 친구의 부축을 받으면서까지 그 영화를 봤어. 중학교 때 숨죽이며 읽었던 소설을 영화로 보니, 과연 영상 언어는 어떻게 다른가, 영화적 표현은 무엇인가 하는 생각을 하게 되었어. 그때 깨달은 게 바로 그거야. 영화란 무수한 시간과 체험할 수 없는 공간을 아우르는 일종의 '생명 체험의 확대' 현상이라는 거지. 모든 예술의 유기적 결합체인 영화는 단 10초의 장면을 위해서도 하루 종일 수고를 해야 하는 고된 작업이야.

나는 나이가 아니라 영화라는 작업을 통해 관용과 사랑의 미덕을 소중히 여기는 자세로 변한 것 같네. 어느 순간 영화는 내 생명의 연장선이 된 거야.

김성수 감독님 고향이 황해도 사리원이시죠? 제 부모님도 연백 출신입니다. 하지만 저는 분단과 통일에 관해 깊이 생각한 적이 없습니다. 분단을 봉합해야 한다는 대전제에 대해선 충분히 공감합니다만, 통일의 순간을 지나 서로 직접 대면하고 함께 생활하는 개인의 관계로 들어가면, 그 중에 누군가는 짜증을 내고 누군가는 열패감에 사로잡힐 거라는 생각을 해요.

따라서 영화는 분단 문제를 상대방의 입장에서 시뮬레이션하는 일을 부단히 해야 한다고 봐요. 독일 영화 「굿바이 레닌」처럼요. 분단 문제는 개인과 개인의 비극적인 과거 드라마를 어떻게 지금의 개인들 간에 해피 엔딩, 아니 해피 고잉(happy going)으로 국면 전환시킬까에 대한 고민이 선행돼야 할 것으로 보는 거지요.

유현목 나는 6·25 동란에서 아버지와 동생을 폭격에 잃고 또 동생 하나는 행방불명이 됐어. 북에 있는 동생은 아직도 소식이 감감하고. 어쩌면 이러한 끔찍한 상황은 내 나이 때의 많은 사람들한테 낯선 풍경은 아냐. 그래도 개인으로 들어가면 아주 가혹한 현실이 되고 말지. 그런데도 나는 북한이 몇 개의 폭탄으로 거대한 미국에 도전할 것으로는 생각지 않아. 따라서 대북 지원 사업을 계속해야 한다고 생각해. 그래야 북핵 문제도 낙관할 수 있을 것이고. 미국과 북한이 '친교'의 경지로 들어서면, 북한의 빈곤 문제가 좀 나아지고 비무장지대도 점차 녹아들겠지. 이렇게 되면 인류의 '본능'인 자유의 문제에 관해서도 자연스럽게 이야기가 전개될 수 있지 않을까 생각하는 걸세.

스크린 쿼터 축소 위협 어떻게 봐야 합니까?
미국이 전 세계를 미국화하는 것 아닌가?

김성수 감독님은 반세기 동안 한국 영화의 성장기와 쇠퇴기, 그리고 도약기를 모두 지켜보셨습니다. 지금 우리는 1,000만 관객 시대이지만, 한국 경제 위기론과 맞물려 스크린 쿼터 축소 위협에 직면해 있습니다. 저는 전 세계 영화 시장의 85퍼센트를 독점하고, 자국 영화 시장을 거의 100퍼센트 장악한 미국 영화계가 유독 이 문제를 집요하게 물고늘어지는 걸 보면서 분노마저 느끼고 있습니다. 이에 대해 선생님께서는 어떻게 보시는지요?

유현목 전면에 내세운 경제 문제는 오히려 얕은 차원의 문제라고 봐야겠

지. 그보다 큰 문제는 우리 고유의 정체성을 잃는다는 거야. 그야
말로 스크린 쿼터 축소나 폐지는 전 세계를 미국화하기 위한 하나
의 신호로 나는 받아들이네. 우리는 할리우드 영화를 보면서 미국
화된 생활을 하고 있어. 팍스아메리카란 말이지. 할리우드에 예속
된 우리의 생활, 이는 결국 우리의 정체성을 잃어가는 것이 아니고
뭔가.

요즘 영화로 부자가 되려는 감독 지망생이 많아요.

허영기 있는 사람들은 후퇴할 수밖에 없어.

김성수 80년대 제가 선생님께 배울 때만 해도 영화는 가난한 이들의 문화
였습니다. 하지만 지금 영화는 흥행 논리가 지배하고 있어요. 영화
로 부자가 되겠다는 감독 지망생도 많고요. 전국에 영화학과가 있
는 대학이 무려 쉰두 곳이나 돼요. 미래의 영화 감독에게 한 말씀
해 주시지요.

유현목 외국에 영화 공부하러 간 사람들이 2,000명이 넘는다는 소리를 들
었어. 하지만 허영기 있는 애들은 도태될 수밖에 없을 거야. 결국
영화를 하는 애들은 보리밥을 먹으면서도 하는 애들이겠지. 21세
기는 문화의 세기이고, 영화는 문화 중에서도 톱이야. 나는 감독이

육체적, 정신적으로도 간난의 세월을 몇 번쯤 겪어야 한다고 생각해. 극한 상황에 처한 체험이 제작 과정에서 힘이 될 테니까. 편안하게 연출하다 보면 몇 작품 하다 포기하고 말 거야. 결코 '이지 고잉' 하지 말라고 얘기하고 싶네.

박맹호——이갑수

(주)민음사 회장 박맹호와 궁리 출판사 대표 이갑수는 각별한 사제지간이다.
인문학 대중화에 기여한 국내 대표적 단행본 출판인으로 꼽히는 박맹호는 서울대 불문과를 졸업하고
1966년 민음사를 창립했다. 1976년 문학계간지 《세계의 문학》 창간과 함께 제정한
'오늘의 작가상'을 통해 한수산, 박영한, 이문열, 조성기 등 수상자들을 배출했다.
1985년 대통령표창, 1990년 대한민국문화예술상을 수상했다.
서울대 식물학과를 나온 이갑수는 《세계의 문학》을 통해 시인으로 등단했으며,
박 회장의 권유로 민음사에 입사해 편집장과 사이언스북스 대표를 지내는 등 약 8년간 출판을 배웠다.
짧지 않은 방황 끝에 서른이 넘어 '천직'인 출판계에 입문한 이갑수는
현재 1998년 창립한 궁리 출판사 대표로 있다.

책은
자연스럽게 인생 문제를
푸는 비밀 열쇠죠

이갑수 한 시대를 살았던 사람들의 생각과 말 중에서 무게 있는 것들이 침
전돼 책으로 남습니다. 평생 책을 만들어 오면서 선생님께 책은 무
엇이었습니까?

박맹호 나에게 책은 천재들을 만나는 자연스러운 방법이었습니다. 가령
김수영과 니체를 만나는 것, 베토벤의 생애에 젖어 보는 것, 철학
의 즐거움을 만끽하는 것, 이 모두가 책을 통해 가능했어요. 우리
가 존경하고 흠모하는 인생의 교사들을 누구나 손쉽게 만나는 것,
그게 바로 책이라고 생각하지요.

이갑수 우리 사회는 평생 교육을 부르짖고 있습니다만, 출판의 교육적 기
능에는 그리 신경을 쓰지 않는 것 같습니다. 지식이나 교양의 전수
가 칠판 앞에서만 이루어지는 것은 아니겠지요. 출판사도 진리를
전파하는 교육 기구라 할 수 있겠는데요.

박맹호 물론입니다. 학교에서도 많은 것을 배우지만 책을 통한 배움도 이
에 못지않아요. 우리는 책에서 인생의 다양한 좌절과 성취와 깨달
음을 발견하고 그로부터 자극을 받습니다. 요즘 젊은 부모들이 아
이들 과외에 치중하는 것을 봅니다만, 사람이 성숙해지는 것은 책
을 만났을 때부터라고 말하고 싶어요.

> **출판사도 진리를 전파하는 교육 기구죠.**
>
> **사람이 성숙해지는 것은 책을 만났을 때부터예요.**

이갑수 대부분의 사람들이 학교를 떠나면 공부는 끝이라고 치부합니다.
학창 시절 교과서 읽기가 독서의 전부인 사람들도 많고요. 책을 골
치 아픈 존재로 여기는 사람들에게 한 말씀 해 주시지요.

박맹호 책에는 어느 순간 사람을 전율하게 만드는 힘이 있습니다. 그런데
많은 사람들이 어떻게 책에 다가가야 할지 그 방법을 모르는 것 같
습니다. 책은 쉽고 재미있는 것부터, 예를 들면 대중소설부터 시작
해도 돼요. 책을 읽어라 읽어라 너무 강요하다 보면 오히려 역효과
가 나지요. 어린이들에게는 만화나 애니메이션같이 쉬운 것부터
시작해 사물의 본질을 터득해 나가라고 권유하고 싶습니다.

이갑수 고려대 이남호 교수가 쓴 「박맹호론」을 보니 "민음사는 우리 사회

의 결여된 부분으로 촉수를 지속적으로 뻗어나감으로써 새로운 출판 시장을 개척했다."는 대목이 나옵니다.

박맹호 개척했다는 것은 좀 과분한 표현이고요. 출판이란 사회의 모든 현상을 체계화하고 에너지화하는 거예요. 사물은 끊임없이 생성하고 소멸하므로 항상 새롭게 접근하고 해석해야 하겠지요. 따라서 출판 기획의 대상이란 거의 무궁무진하다고 할 수 있겠습니다.

이갑수 출판의 어려운 상황을 정면 돌파하면서 새 국면을 전개해 왔고, 시대의 흐름을 적확하게 포착해 기민하게 대응한다는 세간의 평도 받으셨습니다. 이러한 것을 가능케 한 동력은 어디에서 나왔는지 궁금합니다.

박맹호 초창기에는 돈은 안 되고 빚만 쌓이면서 집사람이 쓰러지기도 했어요. 이런 시기를 거치면서 저 나름대로 개안을 했다고 할까, 터득한 게 있습니다. 이왕 돈을 쓰려면 손해를 보더라도 제대로 좀 하자, 가치 있는 일을 하자, 내가 좋아하되 남들은 잘 안 하는 것을 하자고요.

그래서 제일 안 팔리는 시집과 문학평론, 창작물을 출판하기 시작했고, 독자들이 손쉽게 다가올 수 있도록 가격도 대폭 내렸어요. 신인들도 과감히 발굴했고요. 그런데 이 기획들이 젊은 세대의 욕구와 감각에 맞은 거예요. 시대의 흐름에도 부응했던 거고요.

이갑수 어느 대담에서 하신 말씀을 보니 책은 폭풍 속에서 자라나야 한다고 하신 적이 있습니다. 한국 출판의 자생력을 강조한 말씀이신 것 같은데요.

박맹호 물론 그 뜻도 포함되어 있습니다. 우리처럼 격변의 세기를 산 민족도 흔치 않을 거예요. 10년 단위로 전쟁과 혁명을 겪었고, 이데올로기의 급격한 변화도 경험했고요. 열악한 환경 속에서 생존해 온 셈이지요. 책도 마찬가지예요. 바람에 흔들리긴 하지만 꺾이지 않는 갈대처럼, 험난한 순간들에 유연하게 대응하면서 견뎌 낸 책들만이 살아남았다고 할 수 있겠지요.

이갑수 우리 출판도 한글 독자만을 상대로 하면 언젠가 한계에 부딪힐 것입니다. 세계를 무대로 시각은 높이고 시야는 넓혀야 할 때인 것 같습니다.

박맹호 차근차근 단계적으로 밟아 나가야 하겠지만, 우리 아동 도서 시장이 하나의 모범 사례가 될 것입니다. 우리 아동 출판은 10년 만에 세계의 주목을 받고 있습니다. 디자인과 장정, 일러스트 등 모든 분야에서 이미 세계적 수준이라고 할 수 있지요. 볼로냐 아동 도서전에서 주빈국으로 초청받을 정도예요. 또 하나 말하고 싶은 것은 우리보다 더 우리 말을 잘 구사하는 외국인들을 양성해 세계를 향한 문을 만드는 거예요. 그래야 외국인들에게도 우리 책의 내용과 감동을 전해 줄 수 있을 테니까요.

이갑수 2005년 프랑크푸르트 도서전 주빈국 행사에 관해 이를 근심스럽게
보는 시각도 있는 것이 사실입니다. 그 행사와 관련해서 우리 출판
계가 어떤 역할을 해야 할까요?

박맹호 가장 중요한 것은 우리 출판을 어떻게 세계에 보여 줄 것인가예요.
이건 굉장히 중요한 기회이거든요. 출판계가 대승적 차원에서 적
극적으로 협조해 우리의 역량과 참모습을 보여 줘야 해요. 세로쓰
기를 하는 일본 책들과는 달리 우리 책들은 가로쓰기여서 장점이
많아요. 우리 책의 외형, 작품화된 모양을 보여 주는 데 우리 단행
본 출판의 주역들이 적극 나서 주기를 바랍니다.

시대 흐름을 읽는 책은 어떻게 만들 수 있나요?

손해 좀 보더라도 재능을 보고 멍석 깔아 줘야죠.

이갑수 최근 들어 출판 불황, 특히 교양서 시장이 최악의 상황이라는 말을
자주 듣습니다. 이런 상황에서 출판인들이 스스로 할 수 있는 노력
에는 무엇이 있을까요?

박맹호 젊은이들을 보면 그들에게서 깜짝 놀랄 만한 재능을 발견합니다.
각자 타고난 재능이지요. 책은 그릇이 중요합니다. 아무리 좋은 책

이라도 디자인이 좋지 않으면 손이 가지 않습니다. 그러니까 예술품을 만들어야 합니다. 디지털 시대에 인터넷이 할 수 없는 것을 만드는 것, 활자 매체가 할 수 있는 예술품을 만드는 것, 그게 바로 출판이 살 수 있는 길이라고 생각합니다.

이갑수 개인이 자율적으로 관리해야 하는 시간이 점점 늘어나면서 잘 노는 것이 중요한 문제가 되고 있어요. 그러고 보면 책을 읽는 것처럼 잘 노는 것도 없을 텐데요. 저만 하더라도 어릴 적부터 수불석권(手不釋卷)해라, 즉 손에서 잠시도 책을 놓지 말라는 말을 귀에 못이 박이도록 들으면서 컸습니다. 그래서 늘 장식으로라도 외출할 때에는 책을 들고 다녔어요. 하지만 요즘 아이들의 손에는 책 대신 휴대 전화가 있습니다.

박맹호 노는 시간은 자기 충전의 시간, 지적으로 재무장하는 시간이기도 하지요. 모니터를 통해 보고 읽는 것은 오래 남지 않아요. 책은 자연스럽게 인생의 문제를 푸는 비밀 열쇠이지요. 당장 한 권의 책이라도 읽어 보면 우리 아이들도 이걸 금방 알 수 있을 거예요. 우리의 의무도 바로 여기에 있고요. 미래로 가는 왕도(王道)가 따로 있는 게 아니지요. 바로 책과 가까이 지내는 것입니다.

유종호——김미현

전 연세대 석좌교수였던 유종호와 이화여대 국문과 교수 김미현은 유종호가 이화여대 영문과 교수로,
김미현이 이 대학의 국문과 학생으로 입학하며 처음 사제의 연을 맺었다.
유종호는 1935년 충주에서 출생했으며, 서울대 영문과와 미국 뉴욕 주립대에서 영문학을 전공했다.
섬세한 언어 감각과 균형 잡힌 시각의 문학 평론가로서 평생 서정시를 연구했고,
대한민국문학상을 비롯해 대산문학상, 은관문화훈장, 인촌상 등을 받았으며,
예술원 회원이자 동인문학상 종신 심사 위원을 맡고 있다.
김미현은 1966년 서울에서 출생해 이화여대에서 국문학을 전공했다. 그의 평론은 한국 근현대 여성 소설의
페미니즘 시학과 동시대 작가들의 실험적 경향 등에 초점을 맞추고 있으며,
2003년 소천 비평 문학상을 받았다. 계간 《세계의 문학》 편집 위원으로도 활동하고 있다.

몇 십 년 정진하면
무릇
대가가 되겠지요

김미현 사회 전반에서뿐만 아니라 문학에서도 위기라는 말을 너무 많이 들으니까 오히려 위기 불감증에 걸릴 지경입니다. "위기를 말하는 자의 위기일 뿐"이라는 한 젊은 작가의 항변이 오히려 설득력 있게 느껴집니다.

유종호 우리 터전에서 문학이 위기가 아닌 시대는 없었습니다. 하부 구조 자체가 취약했으니까요. 풍요의 시대가 되었지만 거기에 비례해서 문학이 번창하지 못하니까 상대적 박탈감을 느껴 그런 소리가 나오는 거겠지요. 30년대의 백석 시집 『사슴』이나 40년대의 미당의 『화사집』은 겨우 100부를 찍었어요. 그런 상황 속에서 20세기의 명편들이 나왔습니다. 돈이 된다고 머리 싸매고 졸속 양산(量産)주의로 나가니까 도리어 문학이 황폐해지는 경향도 있어요.

김미현 문학 독자가 감소한 것은 확실하지 않습니까? 그 이유는 어디에 있다고 생각하시는지요?

유종호 몇 가지 이유를 추정할 수 있겠지요. 우선 문학 이외의 전문 분야 출판물이 많아져 독자가 분산되었어요. 또 전반적으로 남의 이야기는 듣지 않고 자기 목소리만 내려는 시대입니다. 최고 권력자로부터 철부지 네티즌에 이르기까지 자기만 옳다고 주장해요. 전자(電子) 민주주의 시대가 되면서 겸허가 시민적 미덕이기를 그쳤어요. 모두 작품을 쓰고 또 제 동아리 것만 읽고 있지요. 또한 성 개방 풍조가 확산되면서 성적 모험이 지적 모험을 대체했다고 봐야지요. 육체와 포르노와 인터넷이 상상력을 무력화시키고 있다고 볼 수 있어요.

김미현 그래도 그런 독자 탓만 하는 것도 무책임한 듯해요. 중요한 것은 그처럼 허약해진 독자들과 함께 문학의 미래를 만들어 나가야 한다는 사실이죠. 좀 더 현실적으로 문학이라는 '생물(生物)'을 키워 가야 할 필요가 있지 않을까요? 물론 포퓰리즘(대중 영합주의)의 문제는 경계해야겠지만요. 정치적 포퓰리즘만큼 문화적 포퓰리즘의 위협도 상당히 심각하니까요.

유종호 정치 포퓰리즘과 문화 포퓰리즘은 손잡고 가는 것인데, 정치 포퓰리즘을 공격하는 한편으로 문화 포퓰리즘을 부추기는 현상을 많이 보게 돼요. 그러면서 거기서 모순을 자각하지 못하는 거지요. 모든 분야에서 키치(kitsch), 허드레 예술이 주류가 되어 가는 경향이 없지 않아 있어요. 관중과 청중, 독자를 동원하기 위해서지요. 여기 가서 이 말, 저기 가서 저 말 하는 선동적 정치적 수사(修辭) 같은 것도 최악의 정치적 키치지요. 독자나 청중 계도 기능을 포기하고 오로지 유치에만 골몰하는 한, 언론이나 방송 매체는 스스로 키운 문화 포퓰리즘의 희생양이 되는 날이 올 거예요.

김미현 도스토예프스키보다 무라카미 하루키를 읽는 학생들에 대한 선생님의 질타도 그러한 맥락에서 나오는 거군요. 하지만 이제는 '우열' 보다는 '다양성' 의 측면에서 두 작가에게 접근해야 하지 않을까요? 하루키의 소설도 우리 시대의 아우라를 잘 보여 주는 면이 있으니까요. 혼내고 가르치려는 문학을 자학적으로 마냥 좋아할 수는 없을 것 같은데요.

유종호 앤드루 마블의 시에 나오는 것처럼 "우리에게 세상과 시간이 담뿍 있다면" 둘 다 읽어도 좋지요. 하지만 시간이 한정되어 있으니까 굳이 고른다면 도스토예프스키라는 거예요. 물론 무라카미 하루키를 읽는 것 자체가 문제가 되는 건 아니에요. 가장 감명 깊게 읽은 책으로 무라카미를 드는 것이 문제지요. 강렬한 집중력을 요구하는 작품이 헐렁한 작품보다 내구성이 강할 겁니다. 누가 뭐라고 하든 나는 쉽게 접근할 수 있지만 곧 싫증나는 '대중음악'보다는 반복적 향수(享受)에 값하는 '예술음악'을 권하고 싶어요.

**처음부터 대작가가 있는 것이 아니라
몇 십 년 정진하다 보면 대작가가 되는 것이겠지요.**

김미현 1990년대를 '뛰어난 군소 작가들의 시대'라고 평가한 글이 있더군요. 70점짜리 문학은 많아도 90점짜리 문학은 드물다는 생각에 저도 동의합니다.

유종호 지금 말한 그 '군소 작가' 중에서 대작가가 나오는 것이 아닐까요? 처음부터 대작가가 있는 것이 아니라 몇 십 년 정진하다 보면 대작가가 되는 것이겠지요. 또 최상급의 대작가는 한 시대에 몇 사람 나오는 것이고요.

김미현 우리 사회나 문학의 밝은 미래에 가장 큰 걸림돌이 되는 것은 무엇이며, 그 해결책은 어디에 있을까요?

유종호 '지역 감정'의 확대판인 심정적 민족주의와 ·명분 소아병(名分小兒病)이 큰 문제라 생각해요. 병자호란의 수모와 참화를 자초한 것은 명분 소아병자들의 융통성 없는 고집 때문이었거든요. 모든 문제에서 실질과 실리를 따지는 합리적인 태도가 중요해요. 널뛰기처럼 요동이 심한 민심이나 한 곳으로 우르르 쏠리는 집단 히스테리 증상을 고치지 않으면 우리의 앞날은 밝지 못하다고 생각해요. 역사에서 많은 것을 배워야지요. 옛날 함석헌 선생은 "생각하는 백성이라야 산다."고 했어요. 지금도 여전히 유효한 말이고요. 거기에 덧붙인다면 "공부하며 생각하는 백성이라야 산다."고 해야겠지요.

김미현 지금의 우리 사회에 대해서 나이가 드신 세대일수록 우려의 목소리가 큰 것 같습니다.

유종호 노파심이란 말이 있지요. 노파심은 노인들의 성인병이자 이데올로기란 측면이 있어요. 그러나 생의 대부분을 산 이들에게 고유한 허심탄회함의 발로란 측면도 있지요. 미국의 평화봉사단원이 한국에 처음 온 것은 1966년, 우리의 연평균 국민소득이 100달러였을 때였어요. 데이비드 매캔이나 브루스 커밍스 같은 한국학 학자들이 초기 봉사단원 출신이지요. 그들은 한국에 와서 시골이나 도회지에서 밤거리를 두려움 없이 다닐 수 있다는 것이 인상적이라고 이구동성으로 말했어요. 지금은 어떻습니까? 택시 운전사도 밤거리가 무섭다고 할 지경이 되었지요.

김미현 이상한 것은 사방에 나라 걱정하시는 분들밖에 없는데, 정작 나아지는 것은 별로 없다는 거예요. 단 한 권의 '징비록'은 있을 수 없겠지만, 제대로 혼내는 '어른'이나 제대로 준비하게 해주는 '전문가'의 목소리가 부재하는 '아마추어'의 사회인 것만은 분명한 것 같습니다.

사회적 갈등을 조정하기 위해서는

우선 상식이 통하는 사회를 만들어야 해요.

유종호 사회적 갈등은 심화되고 있는데 그것을 조정하려는 노력은 찾기 힘들기 때문이겠지요. 위정자가 그것을 조장하는 측면까지 있어요. 후보 시절 현 대통령은 "상식이 통하는 사회를 만들겠다."고 해서 기대를 했는데, 요즘 상식적으로 납득이 되지 않는 황당한 일이 너무 많이 벌어지고 있어요.

정책 목표에는 장거리적인 것과 단거리적인 것이 있고 또 우선 순위가 있지요. 그런데 그것이 뒤죽박죽이에요. '수도 이전'이나 '과거 청산'이 그렇게도 긴급한 당면과제입니까? 과거 청산이란 미명 아래 누워서 침 뱉기에나 열을 내고 있어요.

김미현 누워서 침 뱉기라면 구체적으로 어떤 것을 말씀하시는지요?

유종호 역사란 후세가 기록하는 거예요. 특정인을 옹호하고 싶은 생각은 없어요. 하지만 마르크스주의자이자 오랜 기간 영국 공산당원이었던 에릭 홉스봄도 "역사상 어느 사례 못지않은 산업적 성공 사례가 바로 남한"이라고 20세기 역사책에 적어 놓고 있어요. 개발 시대의 근대화 노력 때문에 우리는 거대한 빈민굴로부터 탈출하여 평균 수명도 높아지고 산림 녹화에도 성공했지요. 그 개발 시대의 지도자를 '독재자' 나 '친일' 이란 한마디로 매도하는 것은 균형 잡히지 않은 비역사적인 태도예요. 상처 없는 영광이 어디 있으며, 야만의 기록 아닌 문명의 기록이 어디 있습니까. 이것은 빛과 그림자를 아울러 보자는 것이지 그림자를 보지 말자는 것이 결코 아니에요.

**닦아 놓은 길을 가며 길 닦은 사람 욕을 해서야
상처 없는 영광이 어디 있습니까?**

김미현 해묵은 논쟁일 텐데요, 오십 보와 백 보 사이에 결과의 차이는 분명히 있겠지만 백 보에 도달하는 과정의 정당성도 중요하다고 봅니다. 저는 현실추수주의만큼 과거추수주의의 폐해도 크다고 생각해요. 또 알고 나면 미워할 사람은 하나도 없게 되죠.

유종호 민주화 노력 과정에 고초를 겪은 이들에게 경의를 갖고 있고 그 심정도 이해해요. 그러나 잘 닦아 놓은 길을 걸어가며, 길 닦은 공로자를 향해 욕설만 한다는 것은 역사의 일면만 보는 편벽된 착시 현상이라 생각해요. 빵도 자유도 주지 못한 한쪽 지도자에겐 깍듯이

경칭을 붙이면서 그런 대로 빵을 듬뿍 안겨 준 지도자를 막말로 모
욕하는 일부 젊은 세대들의 난폭 운전에 황당한 느낌마저 들어요.
역사가 편가르기와 응원가로 오용되어선 곤란하지요.

김미현 국가나 민족 정체성 논의와 연관되어 한창 거론되고 있는 친일 문
제에서도 사정은 비슷한 것 같아요. 국문학사적 평가에서도 '뜨거
운 감자'인 문제입니다만…….

유종호 간단히 얘기할 수 없는 사안이에요. 과거 문제를 거론하자면 한이
없어요. 친일파를 논하기 위해서는 원인 제공자인 조선 왕조 붕괴
의 책임자도 거론해야지요. 먼저 연구 기관에서 실증적이고 객관
적인 연구가 선행돼야 해요. 조선조 시대 부관참시(剖棺斬屍)의 현
대판이 되는 정치적 판단 행위엔 반대합니다. 엄격히 적용하면 남
아나는 사람이 별로 없을 거예요. 가령 민영환은 순국한 지사지만
동시에 녹두장군 전봉준이 대표적 탐관오리의 하나로 지적하고 있
어요. 다시 말해 연좌제에 반대하던 이들이 친일 연좌제를 들고 나
오는 것도 우습지요. 일관성이 있어야 한다고 봐요.

황병기 —— 지애리

이화여대 명예교수 황병기는 가야금 연주와 창작의 명인이다. 국악인으로서는 드물게
법학(서울대)을 전공한 황병기는 경기고 재학 중 국립국악원에 다니며 배우기 시작한
가야금을 필생의 화두 삼아 천년 악기에 우리 시대의
감성을 입히는 예혼(藝魂)을 불살랐다.
1968년부터 2001년까지 이화여대 국악과 교수를 지내며
가야금 독주집 『침향무(沈香舞)』, 저서 『깊은 밤 그 가야금 소리』 등을 냈고,
방일영 국악상·호암상을 수상했다.
가야금 연주자 지애리는 서울대 국악과, 이화여대 대학원 박사 과정을 마치고
KBS서울국악대경연 현악부 금상을 수상했다.

온통 난세지음(亂世之音),
영혼을 쓰다듬어 줘야지

지애리   예술은 새로운 시대와 호흡하지 않으면 살아남지 못합니다. 세상이 변하니 음악도 변해야 한다고 합니다. 새 시대에 맞는 새 음악이란 어떤 것입니까?

황병기   요즘 주변에서 들려오는 음악이 어지럽게 느껴질 때가 많아요. 세상이 난세니까 어지러운 음악, 난세지음(亂世之音)이 나오는 게 오히려 당연할지도 모르지요. 하지만 음악인, 특히 작곡가들은 난세일수록 대중적 기호에 영합하려고만 말고 인간의 영혼을 쓰다듬는 고고한 음악을 위해 혹독한 자기 연마를 해야 해요. 인공적 청량음료가 인기 있는 것 같아도 누구나 진짜 마시고 싶어하는 것은 깊은 산 속 순수한 샘물인 것처럼, 격조 있는 음악이야말로 사실은 대중이 진정으로 듣고 싶어하는 음악이지요.

지애리   음악은 사회의 소산이면서 동시에 정화(淨化)와 성화(聖化)를 통해 이상적 사회를 만들어 가는 측면도 있군요.

황병기 음악을 실제로 만드는 사람은 작곡가 개인이고 하나하나의 곡은 그 개인의 독창성으로 창조되는 것 같지만, 그러한 독창성을 가진 작곡가도 그 사회가 배출한 것이기 때문에 음악은 궁극적으로는 사회의 소산이라고 할 수 있어요. 가령 베토벤 같은 천재성을 지닌 사람이라도 그가 만일 인도에서 태어났다면 인도 음악의 핵심인 라가(raga)에 의한 즉흥 음악이나 했을 것이고, 에스키모 인으로 태어났다면 물개와 연관된 민요나 불렀겠지요. 「영웅교향곡」을 작곡하지는 못했을 거예요. 베토벤의 위대한 작품들도 궁극적으로는 그가 살던 사회의 소산이라 할 것입니다. 특히 동양에서는 좋은 음악은 좋은 사회에서만 나올 수 있고, 또 음악이 좋아져야만 사회도 좋아질 수 있다고 생각했기 때문에 우리나라도 신라 시대의 음성서(音聲署)에서부터 고려 시대의 대악서(大樂署)와 조선 시대의 장악원(掌樂院)에 이르기까지 항상 음악을 관장하는 국가 기관을 두었던 것입니다.

지애리 선생님께서는 1990년 평양범민족통일음악회를 통해 북한에 남한의 전통 음악을 소개했습니다. 남북 분단 이후 민간 차원에서 이루어진 최초의 방북 음악회였을 뿐 아니라, 남북한 문화계가 화합의 한마당을 이룬 자리였습니다. 또한 얼어붙었던 남북한 문화계의 교류에 물꼬를 튼 계기가 되었고, 이후로 많은 예술인들의 교류가 현재까지 활발하게 이어지고 있습니다. 통일이라는 민족의 숙제를 앞에 두고 우리 문화계가 더욱 많은 노력을 기울여야 할 부분은 무엇인지, 남북 문화 교류에 선구자적인 역할을 하신 분으로서 바람을 듣고 싶습니다.

황병기 남북은 오랫동안 다른 체제에 있었기 때문에 어쩔 수 없이 문화가 이질화되었습니다. 북에서도 전통을 아주 중요시하지만 전통을 있는 그대로 전승하는 것은 무가치하며 새로운 사회주의 시대에 맞게 고쳐서 발전시켜야 한다고 생각해 왔습니다. 가령 가야금도 전통적인 12현 가야금은 사용하지 않고 21현 개량 가야금만 사용합니다. 민요도 전통적인 창법으로 부르는 맥은 끊겨서 새로운 창법으로만 부릅니다. 물론 북한식 민족 음악은 그 나름으로 가치가 있기 때문에 이를 비판할 생각은 전혀 없고 오히려 그 노고를 높이 평가하고 싶습니다.

그러나 문화는 획일적인 것보다 다양한 게 좋습니다. 이런 음악도 있고 저런 음악도 있는 게 좋지, 모든 음악을 획일화시키는 것은 좋지 않습니다. 지금 남한에서는 12현 전통 가야금을 여전히 사용하면서도 1990년 이후 북한식 21현 가야금도 꽤 보편화되었고 심지어 더 개량된 25현 가야금까지 개발하여 사용하고 있습니다. 남북 문화 교류, 특히 음악 교류는 남북 화해에 크게 이바지할 수 있는 것이니만큼 앞으로 남북 교류가 더욱 활성화되도록 모든 문화인이 힘써야 한다는 것은 너무나 당연한 일일 것입니다.

한국 전통 예술의 핵심은 한에 있습니다.
한을 머금고 우러나오는 신명이어야 해요.

지애리 흔히들 한국의 전통 예술은 '한(恨)'의 예술이라고 말합니다. 한은 슬픔의 집약이요, 한이 깃들여야 진정한 예술로 승화된다고 이야기하는데 선생님이 생각하시는 전통 예술에서 한이 갖는 의미와 역할은 무엇이라고 생각하십니까? 저 역시 선생님의 음악을 연주할 때면 밝은 분위기와 경쾌한 리듬에도 불구하고 가슴 저 안에서 구슬프면서도 아련한 느낌이 전해 올 때가 있습니다.

황병기 앙드레 말로는 "서양에 미로의 비너스가 있다면 동양에는 백제의 관음이 있다."고 했어요. 나도 그 백제 관음상을 일본 나라(奈良)의 법륭사에서 보았는데, 드높은 곳에 고고하게 계시는 부처님이 아니라 우리 중생과 함께 바로 이 세상에 있는 아름다운 모습에 절로 고개가 숙여졌어요. 인간의 슬픔, 한이 배어 있었어요. 이런 슬픔은 한용운의 시 「님의 침묵」에서도 느낍니다. 국악인들은 소리에

한이 담기고 그늘이 따라야 한다고 말해요. 요즘 음악에서 '신명'을 중요하게 여기는 경향이 있지만 한을 뱃속에 머금고 스스로 우러나는 신명이라야 합니다. 건성으로 신명만을 좇는 음악은 천박함을 면할 수 없습니다. 올림픽에서 금메달을 따는 순간은 최고의 환희를 만끽하는 순간인데도 선수들이 웃기보다는 눈물을 흘립니다. 오랜 시련을 겪으면서 뱃속에 머금고 있는 한으로부터 우러나오는 환희, 즉 신명의 순간이기 때문입니다. 우리 전통 음악에서 한과 신명은 동전의 양면과 같은 관계를 이루고 있습니다.

반짝이는 재주를 경계하고,

아름답기보다 위대한 연주자가 돼야 해요.

지애리 "아름다운 꽃이 되지 말아라. 높은 산에서 풍상을 견뎌낸 고목의 아름다움과도 같은 것, 그 아름다움에 고개 숙이게 만드는 것이 연주자의 역량이다." 선생님께서 늘 말씀하시는 고목의 미(美)를 간직한 연주자란 무엇입니까?

황병기 한자의 '고(古)'는 오래 되었다는 뜻이지만 오히려 좋은 의미를 지녀요. 중국에서 가장 고귀한 악기로 숭상하는 '금(琴)'에 흔히 '고'자를 붙여 고금(古琴)이라고 하는 게 그 예입니다. 오래 되어

낡고 쓸모없는 게 아니라 고귀하게, 위대하게 되었다는 뜻이지요. 20여 년 전 카라얀이 베를린 교향악단과 세종문화회관에서 연주할 때 노쇠해서 등받이가 붙은 지휘대에 의지해 지휘했습니다. 그래서 좋지 못한 평도 받았지만 나는 그러한 카라얀의 지휘를 보며 고목의 미를 느껴서 감동을 받았습니다. 나중에 당시 KBS교향악단 음악감독이었던 이강숙 씨에게 들은 얘긴데, 한국 연주에 앞서 일본에서도 같은 곡목으로 공연을 했는데 특히 브람스 교향곡 4번을 연주한 후 단원들이 모두 울었다고 하더군요. 그 지휘에 감동을 받아 연주자들 자신이 울었다는 겁니다.

판소리 명창 김소희 여사가 공간사랑 개관 무대서 심청가 중 「범피중류」를 공연할 때 소프라노 김자경 여사가 객석에서 손수건으로 눈물을 닦던 모습도, 가야금 산조의 거목이었던 김죽파 선생이 댁에서 연주할 때 눈물을 흘리던 제자의 모습도 기억이 납니다. 고목의 미를 간직한 연주자란 청중이 그저 박수를 보내는 데 그치지 않고 감동의 눈물을 흘리게 하는 연주자라고 할 수 있겠지요.

지애리 연주자에게 가장 중요한 것은 물론 연주를 잘하는 것입니다. 연주를 잘하기 위해서는 자신의 수련이 필수적이지만, 훌륭한 스승 밑에서 공부를 해야 한다고 생각합니다. 다행히도 저는 선생님의 가르침을 받는 행운을 누렸지만, 막상 제 자신이 스승의 뒤를 이어

제자를 가르쳐야 되는 입장이 되고 보니 뛰어난 제자가 되는 것보다 훌륭한 스승이 되는 것이 몇 곱절 더 힘들다는 생각이 듭니다. 오랜 세월 수많은 제자를 길러낸 훌륭한 스승이자 이 시대 최고의 가야금 명인이 될 수 있었던 선생님의 비결을 듣고 싶습니다.

황병기 좋은 연주자가 반드시 좋은 스승이 아니라는 것은 널리 알려진 사실입니다. 스승은 제자의 연주를 듣고 문제점이 무엇이며 그것을 어떻게 개선할 수 있는가를 알아야 하기 때문입니다. 사람마다 신체적 조건과 소질뿐만 아니라 정신 상태, 기질, 환경 등이 달라서 섬세한 지도를 한다는 게 쉬운 일이 아닙니다. 나쁜 점을 지적하는 것 못지않게 좋은 점을 추켜 주는 것, 스승의 흉내를 내기보다 개성 있게 연주하도록 밀어 주는 것도 중요합니다. 기교적인 문제를 넘어서 좋은 음악, 좋은 연주가 무엇인지를 판단할 수 있는 음악적인 안목도 키워 주어야 할 것입니다.

내가 사사했던 김윤덕 선생님은 제자를 지극히 소중하게 생각한 나머지, 제삼자에게 자기 제자를 지칭할 때는 제자가 그 자리에 없어도 '제자님'이라고 높여서 말씀했습니다. 스승의 참된 사랑을 받은 사람은 연주에 자신감이 생길 뿐만 아니라 자신이 음악을 선택한 데 보람을 갖게 되는 것 같습니다. 인도 음악가들은 훌륭한 스승을 자신의 영적인 지도자, 즉 '구루'로 받드는 전통이 있습니다.

스승은 궁극적으로는 영적 지도자의 경지까지 달해야 하지 않나
생각합니다.

지애리　선생님은 법대 출신 음악인이라는 특이한 이력을 갖고 계십니다.
법학 공부가 후일 음악 생활을 하는 데 어떤 영향을 주었나요?

황병기　문학인이나 미술인들은 대학시절에 다른 분야를 전공한 사람이 많
지만 음악인은 대부분 음악 대학 출신입니다. 특히 연주자들이 그
렇습니다. 그런데 이미 세계적인 첼리스트로 명성이 난 장한나 양
은 현재 하버드 대학 철학과에 다니고 있어서 주목을 받고 있습니
다. 세계 정상급 첼리스트인 요요마도 음악 대학이 아니라 하버드
대학 출신입니다.

나는 중·고등학교 시절부터 국립국악원에 다니며 가야금 공부에
몰두했지만 대학은 법대를 다녔습니다. 당시에는 국악과가 있는
대학도 없었지만, 설령 있었다 하더라도 역시 법대로 진학했을 것
같습니다. 평생을 음악가로 산다고 해도 인생과 음악을 넓게 보기
위해 대학에서는 다른 전공을 해야 성이 가셨을 것 같기 때문입니
다. 음악을 전공하는 사람으로 법대를 다녀서 손해 본 것이 많지
만, 득을 본 것도 많다고 생각합니다. 법을 공부하는 것은 결국 예
(禮)를 공부하는 것인데, 예와 악은 하나라는 동양적인 예악(禮樂)
사상으로 보면 법을 공부한 것이 더욱 괜찮은 일인 것 같습니다.

중국의 고전 『예기(禮記)』를 보면 예악형정(禮樂刑政)은 그 근본이
하나라는 말도 나옵니다. 법학 공부의 요체는 법조문에 대한 지식
습득이 아니라 법이란 무엇인가를 탐구하는 것인데, 그것은 음악
이란 무엇인가를 생각하는 데 많은 도움을 주었다고 생각합니다.

지애리 전통의 보존이냐 시대의 부흥이냐! 이 두 가지 전제는 음악, 미술
을 비롯한 전통문화계 전반을 통틀어 가장 큰 고민거리가 아닌가
생각됩니다. 40년 외길을 걸어오신 전통 예술인으로서 우리 전통
음악이 나아가야 할 바람직한 길은 무엇이라고 생각합니까?

황병기 내 주위에서 음악을 정말 애호하는 사람들을 보면 서양의 클래식
이나 재즈, 팝 등을 두루 듣다가 스페인, 그리스, 라틴 아메리카 등
의 민속음악은 물론 아프리카, 인도, 티베트 등의 전통 음악까지
좋아하게 되는데, 이것저것 들어보니 결국 한국 전통 음악이 최고
라고 하는 사람들도 꽤 있습니다. 아무튼 21세기는 서양 음악 일변
도에서 벗어나 지구촌의 다양한 음악 문화의 가치를 존중하는 시
대로 나아가는 것 같습니다. 그래서 음악 애호가들에게 세계 음악
이라는 새로운 음악 장르가 아주 중요한 위치를 차지하게 되었지
요. 그런데 세계 음악 중 서양 음악에서 가장 멀리 떨어진 비서구
적인 음악, 즉 동양 음악의 진수가 바로 한국 전통 음악입니다.
예를 들면, 서양 음악의 가장 중요한 특징은 여러 음을 동시에 울

리는 화음을 풍부하게 사용하는 것인데, 일본의 고토나 중국의 쟁
(箏) 같은 현악기에서는 화음을 꽤 사용하지만, 우리 가야금에서는
한 시간을 넘게 연주하는 산조의 경우에도 화음을 단 한 번도 사용
하지 않습니다.

중국의 경극이나 일본의 가부키는 서양의 오페라와 흡사한 점이
있지만 한국의 판소리는 오페라와 다를 뿐만 아니라 판소리에 흡
사한 성악 형식은 세계 어디에서도 찾아볼 수 없습니다. 거문고나
아쟁 같은 악기는 현재 전 세계에서 한국에만 있는데, 거문고로 연
주하는 '밑도드리(尾還入)'를 들으면 깊은 산 속에서 도사가 독경
(讀經)하는 소리 같고, 아쟁으로 긁어 제치는 시나위는 땅을 두드
리며 통곡하는 사람 소리 같은데, 이처럼 서양 음악과 다른 음악은
다른 어느 나라에도 없는 것입니다. 따라서 우리 전통 음악은 세계
음악 유산으로 온전히 보존해야 된다고 생각합니다.

선택의 갈림길에 선 젊은이들이 많아요.

진짜 좋아하는 일을 할 때 무서운 힘을 발휘하죠.

지애리 선생님께서 음악의 길을 선택하던 시절엔 지금과 달리 예술인, 아
니 전통 음악을 하는 예술인들에 대한 시각이 매우 부정적이던 시

절이었습니다. 당시에 최고의 엘리트 코스를 밟을 수 있었던 선생님이 음악의 길로 들어설 수 있도록 했던 과감한 결단의 원동력은 무엇이었습니까?

황병기 내가 가야금을 배우던 50년대에는 고리타분한 짓을 한다고 좋지 않게 보는 사람이 많았지만, 그러한 주위 사람들의 시각은 안중에도 없으리만큼 가야금에 심취되어 몰두했습니다. 사실 나는 가야금의 명인이 되겠다든가 우리 민족음악을 중흥시켜야겠다는 야망이나 사명감 같은 것도 전혀 갖지 않고 그저 순수하게 좋아서 했을 따름입니다.

세계적인 어느 수학자가 한 말인데, 자기가 두렵게 생각하는 수학자는 머리가 좋다든가 지식이 많은 사람이 아니라 자기보다 수학을 더 좋아하는 사람이라고 했습니다. 저 사람이 어떻게 저리도 수학을 좋아할 수 있는가 하고 두려운 마음이 든다는 것입니다. 왜냐하면 누가 더 수학을 잘하는가는 누가 더 좋아하는가에 달려 있기 때문이라는 것입니다. 누구나 자신이 좋아하는 일에는 그만큼 무서운 힘을 발휘할 수 있게 된다고 생각합니다. 젊은이들은 자기가 진정으로 좋아하는 것을 찾아내서 그 길을 택하는 것이 성공의 지름길인 것 같습니다.

지애리 여전히 아름다운 곡을 쓰고 무대에 서며 어지간한 젊은이 못지않게 컴퓨터를 다루시는 선생님의 모습을 뵐 때면 어디서 저런 에너지가 나오는지 궁금할 때가 많습니다.

황병기 나는 지난날에 대한 아쉬움이나 회한은 별로 없습니다. 젊은 시절에 꿈이 있었다면 평범한 시민으로 사는 것이었는데 음악을 하다 보니 어쩔 수 없이 좀 유명해졌습니다. 현대는 무엇이든지 빨리 변하는 시대라고 하지만 나는 앞으로도 유달리 변하지 않아서 후배와 제자들을 놀라게 해 줄지도 모르겠습니다.

1951년부터 타던 가야금을 지금도 타고 있고, 1962년에 결혼한 집사람과 여전히 살고 있고, 1974년에 이사 온 그 집에서 그대로 살고 있으며, 그 해부터 다니던 이화여대에서 퇴임했지만 명예 교수로 다시 강의를 계속하고 있습니다. 심지어 우리 집 전화번호도 60년대에 사용하던 그대로입니다. 물론 국번은 나라 사정으로 바뀌었지만 뒷자리 번호는 변하지 않았습니다. 앞으로 이렇다 할 특별한 계획이 없습니다. 이제 가야금 소리를 좀 알 것 같으니 열심히 연습하면서 작곡도 하고 친구나 후배나 제자들과 가끔씩 만나 식사하며 애기하면 족할 듯싶군요.

임영웅——김광보

연극연출가인 임영웅과 김광보는 극장에서 맺어진 사제지간이다. 부산에서 고등학교 3학년 때
우연히 부조리극 「대머리 여가수」를 보고 연극연출가가 되기로 결심한 김광보는
연희단 거리패를 거쳐 1993년 신촌 산울림 소극장에 조명 기사로 들어가서
임영웅을 만났다. 1969년 베케트의 「고도를 기다리며」를 국내 초연한 임영웅은
사실주의 극에만 머물지 않고 다양한 작업을 해 온 연극연출가.
1985년 서울 신촌 자신의 집을 헐고 산울림소극장을 지은 뒤, 이 곳을 베이스캠프로
「위기의 여자」와 「딸에게 보내는 편지」 등 '산울림표 연극'을 만들었다.
김광보는 1994년 연극 「지상으로부터의 20미터」로 데뷔한 뒤
「인류 최초의 키스」, 「웃어라 무덤아」 등을 내놨다.

관객의 수가 아니라
연극의 질이 중요한 거요

김광보 산울림에서 선생님과 작업하면서 혼쭐난 기억이 참 많습니다.

임영웅 허, 그래요? 난 기억이 없는데. 지나가면 그만이에요. 원래 화를
잘 내긴 해도 다 일 때문에 그런 거지, 사람 때문은 아니니까. 늘
악 쓰면서 연극을 해왔는데 그걸 일일이 다 기억하면 병나지요.

김광보 연극계도 그렇지만 극장 밖 세상도 요즘 '위기'라는 말이 계속 나
오고 있습니다. 이 위기를 어떻게 바라봐야 할까요?

임영웅 IMF 때도 그런 얘기 많이 했지요. IMF 때문에 경제가 불황이고 사
회가 뒤숭숭하니까 연극도 안 되는 거 아니냐고. 그런데 연극하면
서 IMF 아닐 때가 언제 있었나? 한국에서 연극은 독립 운동한다는
각오 없이는 안 돼요.

김광보 그래도 한국 연극이 활발하고 좋은 작품들이 많이 나오던 시기가
있지 않았습니까?

임영웅 내 경험으론 한국 전쟁 중 피난 갔을 때, 그러니까 50년대가 그랬어요. 아이러니지. 피난 시절에 연극이 가장 역동적이었으니.

김광보 흥미로운 말씀이네요. 일촉즉발의 위기 상황에서 연극이 꽃을 피우다니. 몸도 마음도 가난해진 사람들이 스트레스를 해소할 만한 게 필요했을 테고, 그때 연극이 순기능을 한 것이군요.

임영웅 그렇다고 봐야겠지요. 그래도 그땐 전쟁으로 폐허가 됐어도 연극을 볼 정도로 정서의 값어치를 아는 사회였어요. 하지만 지금 세상은 갈수록 모래알처럼 까칠해지는 것 같아요. 교육부터 문젭니다. 시험에도 안 나오고 점수 올리는 데 바로 도움이 안 되는 정서에 왜 신경을 쓰냐는 식이지요.

연극과 관객 사이에서 어떤 연출가가 되어야 하나요?

완성된 연출은 없어, 끊임없이 진실에 접근해야 해요.

김광보 타의에 의해서라도 연극 보러 오는 아이들을 자발적인 관객으로 성장시키려면 어떤 연극을 해야 할까요?

임영웅 관객들이 극장 문을 나설 때 '오늘 연극 보길 잘했다.'는 생각을 갖게 해야 합니다. 다음에 연극을 다시 봐야겠다는 동기를 심어 주는 거지요. 하지만 그러한 연극을 만들기는 쉬운 일이 아니지요.

김광보 동기 부여만 된다면 어떤 연극을 해도 상관없다는 말씀이신가요?

임영웅 그렇진 않아요. 연극을 통해서 스스로 무대 위에 비춰진 인간들과 자기 삶을 비교해 볼 수 있는 작품이 되어야지요. 연극에 비춰 보고 '나는 지금 어디쯤에 서 있나.' 점검하면서 말이죠.

김광보 선생님은 연극하는 사람들의 의식에 대해 강조해 오셨습니다. 우리가 진정 걱정해야 하는 건 관객의 수가 아니고 우리가 만드는 연극이라고 말씀하셨지요. 지금 대학로 연극은 다분히 관객의 취향에 영합하는 포퓰리즘으로 가고 있는 듯해 창작자들은 불안해합니다. 이런 풍토에서 어떤 생각으로 연극을 해야 할까요?

임영웅 '관객의 수가 아니라 연극의 질이 문제'라고 말한 걸 오해하면 안 돼요. 관객의 수도 중요하지요. 다만 객석을 채우기 위해서 먼저 해야 할 건 관객의 구미에 맞출 게 아니라 관객을 끌어들일 만한 감동적인 연극을 만드는 일이라는 겁니다. 주객이 전도되면 문제예요. 어려울 때일수록 '왜 연극을 시작했는가, 무엇 때문에 하고 있는가?'를 확실히 다지고, 반성할 건 반성하면서 지켜 나가야지요.

김광보 산울림 소극장에서 연극을 일군 지 올해로 만 20년이 됐습니다. 그동안 극장을 지켜야 하는 고달픔과 자존 사이에서 힘들지는 않으셨는지요?

임영웅 물론 고단하지요. 산울림은 어느 정도 고정 관객이 있다손치더라도 소극장이라는 게 경영의 측면으로 보면 바람직한 공간이 결코 아니니까요.

김광보 키워서 부를 늘리는 자본 논리로 보면 그렇겠네요. 연극은 21세기로 접어들면서 이미 사양 산업으로 전락하고 말았습니다. 하지만 선생님은 꼬박 20년을 버티지 않으셨습니까?

연극이 점점 관객의 입맛에만 맞춰가고 있어요.
객석 채우려면 먼저 감동 주는 작품 만들어야지.

임영웅 1985년 산울림을 개관하면서 나한테 다짐했던 게 있어요. '한 10년만 버텨보자. 그러면 뭔가 될 거다.' 라고 믿었지요. 그러나 20년이 지난 지금도 상황은 그때 개관할 때하고 똑같아요. 그럼 그만둘까? 그것도 나 개인이나 산울림만의 문제가 아니라 연극계 전체에 패배감을 줄 수 있어 그러지도 못해요. 앞으로 더 잘해야지요.

김광보 저는 요즘 딜레마에 빠져 있습니다. 한국 연극계는 연출가의 성향을 하나로 단정짓기를 좋아하는 것 같아요. 그야말로 다양성을 고루 보아 주려는 노력이 부족한 것 같습니다.

임영웅 연출가를 미술이나 문학처럼 무슨 파(派)나 주의로 구분하는 건 아주 구식이에요. 나눌 수 없는 것을 나누는 것처럼 우매한 일이 없지요. 연출가의 연출 방식을 좌우하는 건 연출가의 성향이 아니라 작품입니다. 나더러 '리얼리즘 연극의 마지막 교두보'라고 하는데, 물론 내가 리얼리즘을 기본으로 연출 공부를 했고 또 그렇게 작업해 왔지만 모든 연극을 다 리얼리즘으로 연출하냐 하면 그건 아니라는 겁니다. 스스로를 어떤 틀에 가둔다면 연극도 세상도 자유로울 수가 없지요.

김광보 저는 우리 연극에 없는 게 400~500석 규모의 중극장용 작품이라고 생각합니다. 소극장에선 잘 만들어도 중극장으로 옮기면 헝클어지고 고전하는 이유이기도 하지요. 최근 중극장의 필요성이 제기되고 있는 건 바람직한 현상이라고 봅니다.

임영웅 그나마 소극장이라도 있어서 한국 연극의 명맥이 이어져 왔어요. 하지만 소극장의 역기능이라고 할까, 소극장에서만 아옹다옹 씨름하다 보니 사고도 왜소해지고, 그래서 문자 그대로 '작은 연극'을 할 수밖에 없었던 게 아닌가 하는 반성이 듭니다. 중극장에서 좋은 작품이 많이 태어나고 자연스레 스케일도 커지면 우리 연극이 좋은 방향으로 가겠지요.

김광보 제가 「고도를 기다리며」를 본 것은 부산에서 서울로 올라온 1990년입니다. 그때 받은 충격은 아직도 생생해요. 역설과 페이소스, 그리고 선생님만의 독특한 연극적 양식은 제게 상당한 영향을 미쳤습니다.

임영웅 처음 「고도를 기다리며」를 하기로 마음먹고 집에 와서 읽는데, 보통 두 시간에 끝날 일이 꼬박 사흘 걸렸어요. 원전대로 하겠다는 원칙을 정해 놓고 나름대로 해석을 얹은 거지요. 「고도를 기다리며」는 인간을, 특히 현대인의 모습을 적나라하게 그린 작품이에요. 그러니까 이건 부조리극이라든지 전위극이라든지 그런 건 생각할 필요가 없고, 다만 등장하는 인물들이 어떤 인생을 살아왔는지, 또 어떻게 살아가는지를 그린 작품인 거죠. 어떤 날은 오전 11시부터 이튿날 새벽 7시까지 연습을 했죠. 참 신기한 게 할 때마다 새로운 걸 하나씩 발견했어요. 늘 긴장되기도 했고요.

김광보 오랜 세월을 두고 계속 회자될 수 있다는 건 공시성과 통시성을 함께 지닌 작품이기 때문입니다. 어느 시대건 그 시대와 소통할 수 있다는 게 이 작품의 매력인 것 같아요. 마지막으로 연극과 관객 사이에서 어떤 연출가가 돼야 할지 말씀해 주시지요.

임영웅 진실하게 대하는 길밖에 없지 않나요? 술수로 접근해 가지곤 사람의 마음을 움직일 수가 없어요. 완성된 연출은 없어요. 숨이 멈출 때까지 도전하고 방황하며 찾아갈 수밖에요.

송수남 —— 문봉선

송수남과 문봉선, 두 동양화가는 1980년 봄 홍익대 캠퍼스에서 교수와 신입생으로 처음 만났다. 1980년대는 송수남이 무기력하고 구태의연하다는 비난을 받던 동양화단을 새로운 한국화를 통해 흔들어 깨우려는 '수묵(水墨) 운동'에 앞장섰던 때다. '따뜻한 남쪽 하늘-고향(전주) 하늘'이란 뜻의 '남천(南天)'이란 호를 가진 송수남은 30년간 재직했던 홍익대 동양화과 교수에서 지난해 정년 퇴임했다. "한지와 먹으로 대기의 미묘한 뉘앙스를 담는다."는 평을 받는 문봉선은 제주에서 태어나 서예를 시작으로 그림에 입문하여 홍익대 입학 후 사군자와 수묵화의 기초를 닦았다. 20대에는 도시의 공사 현장, 시장 골목 등을 화폭에 담으며 암울한 시대 상황에 관심을 돌렸고, 이어 섬진강과 북한산 등을 답사하며 진경산수를 펼쳤다. 얼마 전부터는 중국에서도 작업하며 전시회를 여는 등 활약하고 있다.

시대와
공감할 수 있어야
예술이 삽니다

문봉선 학창 시절 "작가는 이 세상에서 가장 행복한 사람"이라고 하셨던 선생님 말씀을 기억하고 있습니다. '좋은 작가'란 어떤 사람인가요?

송수남 원래 남의 떡이 커 보이게 마련이니까 남의 그림이 좋아 보이겠지요. 그러나 신라의 석굴암과 로마의 콜로세움을 보세요. 당연히 다르지요. 크고 좋아 보인다고 콜로세움만 좇아가면 안 되겠지요. 자기 개성을 찾고 자기 그림을 추구하는 사람이 좋은 작가지요. 정작 할 때는 몰라요. 그러나 나중에 빛을 봅니다. '뭘 해야겠다.'고 마음먹고 인위적으로 만드는 것보다는 자기 성격대로 다듬어야지요. 그러고 보면 그림은 자기 성격인 것 같습니다. 시대와 유행에 휩쓸릴 수도 있고 모방할 수도 있겠지요.

문봉선 다시 새 학기가 시작됐습니다. 그런데 순수 미술, 특히 한국화(동양화) 전공 학생이 줄어들고 있어 안타깝습니다.

송수남 어제 오늘의 문제가 아니지요. 시대적인 이유 때문일 겁니다. 서양
화도 마찬가지예요. 요즘 젊은이들은 실용적인 것, 즉각 생활에 도
움이 되는 것, 실질적으로 벌이가 되는 것을 공부하려 하니까요.
전통적인 것은 고루하고 지루하다고 생각하겠지요. 사회 전반적으
로 전통에 대한 관심이 시들해지기 때문이 아닙니까? 순수 미술의
위기는 전반적으로 기초 과학과 인문학의 위기와도 일맥 상통해요.

문봉선 전통 회화가 차지하고 있는 위상이 옛날 같지 않습니다. 한국화가
진정한 한국 현대 회화로 자리매김하려면 어떤 변신의 고통을 겪
어야 할까요?

송수남 지필묵(紙筆墨)을 고집할 필요는 없어요. 동양화는 현대라는 시대
성을 갖춰야 합니다. 현대화라는 게 뭡니까? 지금 우리가 살아가
는 방식이에요. 옛날 사람이 쓰던 궤를 그냥 갖다 쓰기는 힘들지
않은가요? 무엇을 하든 현대인으로 하여금 공감하도록 하는 것이
중요합니다. 공감이야말로 우리 그림이 살길이지요.

문봉선 선생님께서는 늘 "여백은 비움과 나눔의 미학"이라고도 강조하셨
는데요.

송수남 여백이라는 게 화면의 하얀 부분을 말하는 것이 아니에요. 생활의
여백, 마음의 여백을 말한 거지요. 급하게 가지 말고 천천히 가자
는 겁니다. 공간의 문제가 아니라 사는 문제이지요. 꼭 잘살아야

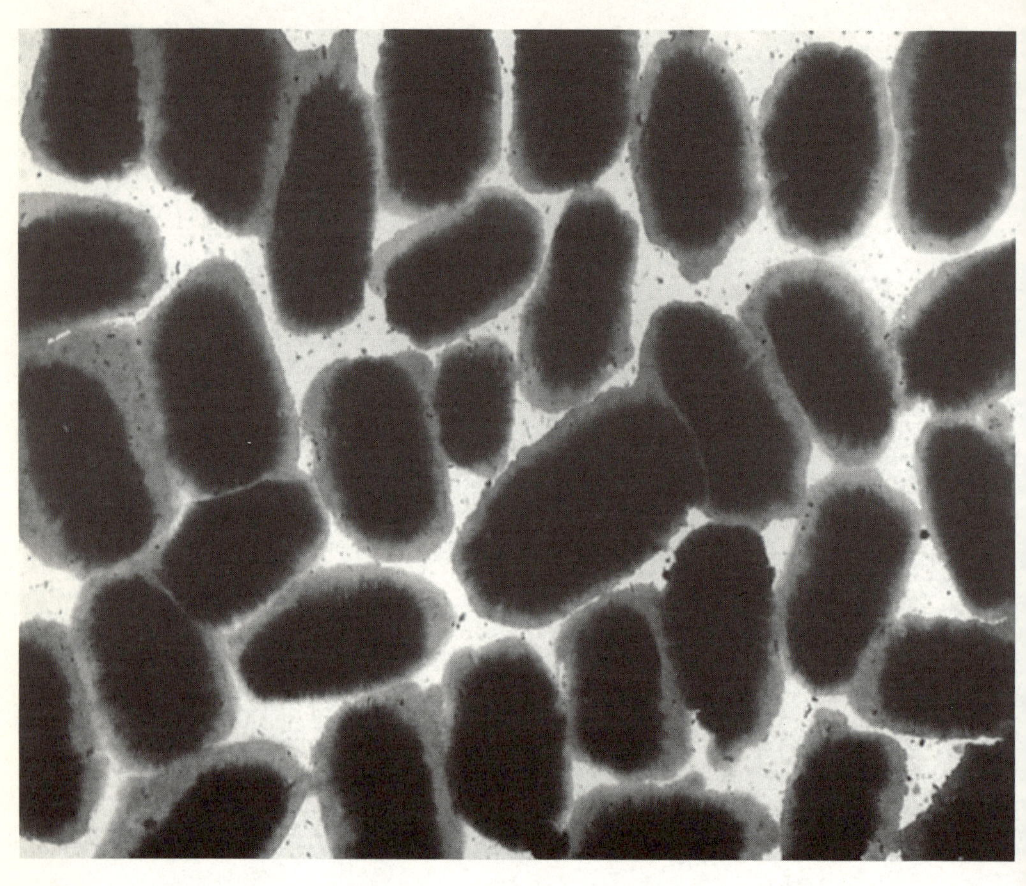

송수남, 「붓의 놀림」(좌)
문봉선, 「흐르는 강물처럼」(우)

여유가 있는 건 아닙니다. 옛사람은 치부(致富)보다는 향유를 위해 서화 골동품을 모았지요. 봄에 꽃 그림 족자를 내걸었다면 여름에는 제비가 나는 그림으로 바꿔 거는 식으로 말이에요.

'물질보다 정신'이라고 하면 또 뻔한 이야기한다고 하겠지만 그것이 열쇠입니다. 어떤 물건이 있다고 칩시다. 여럿이 그 물건을 봤습니다. 물건을 가질 수 있는 사람도 있고 가질 수 없는 사람도 있습니다. '안 가져도 좋다.', '꼭 가져야 할 사람만 가지면 된다.'고 생각하는 것이 아니라, 가질 필요 없는 사람들이 안달복달하는 게 지금 사회의 문제예요.

문봉선 선생님께서는 목기도 많이 수집하셨습니다. 목기 속에 조선조 장인 정신이 담겨 있다고 하셨는데, 한국 회화와는 어떤 관련성이 있나요?

송수남 옛날 물건을 보면 저절로 애정이 가요. 조선 시대 도자기나 목기, 생활 용품들을 보세요. 형태가 단순합니다. 사람이 단순하게 세상을 살아가야 한다는 말이지요. 그림도 그래야 합니다. 한국미의 본질은 단순함이고 그 쪽으로 이끌어가야 해요. 단순할수록 구차한 설명이 필요 없이 단숨에 느낌이 오니까요. 그림만 그럴 것이 아니라 생활이 그래야겠지요. 단순하고 간결해야 할 때에 거꾸로 마구 벌여 놓고 장식하고 꾸미는 것이 바로 현대 문명의 폐해가 아니겠습니까? 내용이 없으니까 요란한 것처럼요.

문봉선 그림은 만국 공통어입니다. 21세기 문화 전쟁 최전방에 회화가 있
다고도 할 수 있겠지요. 그래도 사회 전반적으로는 미술에 대한 관
심이 부족하다고 생각합니다.

**평생을 두고 예술을 즐길 수 있는 삶을 누리려면
어려서부터 예술을 가까이 하는 훈련이 필요해요.**

송수남 말씀대로 미술에 대한 관심이 참 부족하지요. 미술인들끼리 학연
이나 지연, 그리고 이익에 따라 이합집산을 해요. 그러니까 외면받
고 비난도 쏟아지는 겁니다. 또한 생활에 여유가 없고 세상이 각박
하다 보니 사람들이 아름다움을 보고 즐기는 심미안을 기를 겨를
이 없다는 것이 참 안타깝습니다. 당장 이득이 돌아오지 않는 일,
당장 재미있지 않은 일이 아니면 통 관심이 없지요.
평생을 두고 예술을 즐기면서 정신적으로 풍요로운 삶을 누리려면
어려서부터 훈련이 필요합니다. 전시장에 가는 일은 정신적인 여
유가 없으면 절대로 안 되는 일이거든요. 갤러리나 미술관에 갔다
가 잠깐 나와 도시락을 먹고 다시 들어가 보고 그림에 대해 이야기
하는 문화가 어느 날 갑자기 생겨나는 건 아니니까요. 생활 방식이

차차 바뀌어야 합니다.

문봉선 화가는 고독하게 홀로 작업하는 사람입니다. 그러나 한편 화가에
게도 사회적 사명감이란 것이 있지 않나요?

송수남 새로운 문명과 역사를 만드는 데 조금이라도 일조해야 합니다. 시
각 예술 차원에서 사람들의 행복에 도움이 돼야겠지요. 자기 혼자
그리는 것으로 끝나면 되겠습니까? 어떤 목적을 가지고 그리라는
것이 아니에요. 내가 희열을 느끼며 그린 그림을 남이 보면서 감동
받을 때 희망이 생기는 게 아닐까요! 미술을 보며 아름다움을 느낀
다는 것은 참 즐겁고 또 중요한 일이라고 생각합니다. 물론 겸재
정선 같은 대가가 여럿일 수 없듯이 다 그런 그림을 그리고 다 그
런 작가가 될 수는 없겠지요.

사회와 미술의 단절 현상이 심각해요.

작가들이 난해한 외국 이론을 좇기 때문이죠.

문봉선 사회와 미술의 단절 현상이 심각합니다. 그 원인은 어디에 있다고
보세요?

송수남 작가들의 허영 때문일 수도 있고, 난해하고 복잡하거나 외국 미술
이론을 좇아가 억지로 갖다 붙이는 작업 때문일 수도 있습니다. 작

가나 평론가들도 더 많은 노력이 필요합니다. 미술평을 읽다 보면 외국의 철학자나 이론가들의 이름이 줄줄이 등장하긴 하는데, 아무도 이해하지 못할 정도로 어려운 글이 많습니다.

문봉선 캠퍼스에 다시 봄이 왔습니다. 학생을 어떤 방식으로 가르쳐야 하는지 말씀해 주시지요.

송수남 선생이 생각하는 틀 속에 학생을 가두려고 하면 안 됩니다. 돌아보면 말 안 듣고 숙제 안 해 오던 학생이 더 성공합디다. 저도 이상범, 천경자, 김기창 같은 대 선배들에게 배우면서 "그림이 저게 뭐냐?" 하고 반항하기도 했습니다. 모필(毛筆)에만 의지할 것이 아닙니다. 상 몇 개 받고 정기적으로 전시회나 하면서 그냥 그렇게 보내다 보면 화단은 활력을 잃게 됩니다. 학생을 자유롭게 놓아 주면서도 자신감을 북돋워 주는 스승이 좋은 스승이겠지요.

정현종 —— 성석제

시인 정현종과 소설가 성석제는 20년 넘게 문학으로 맺어진 사제지간이다.
법학도였던 성석제는 군복무를 마치고 복학한 1984년부터 연세대 국문과 교수로 재임하던
정현종의 연구실에 출입하면서 시와 문학에 관해 배우기 시작했다.
대학 시절에는 제자로서, 졸업 후에는 후배 작가로서 정 시인을 만나왔다.
정현종은 1965년 《현대문학》으로 데뷔한 시력(詩歷) 40년의 시인으로, 일간지 기자를 거쳐
1977년부터 서울예대와 연세대에서 강단에 섰다. 시집 『고통의 축제』, 『사랑할 시간이 많지 않다』,
『견딜 수 없네』 등이 있으며, 이산문학상과 대산문학상, 미당문학상 등을 받았다.
성석제는 1986년 《문학사상》으로 등단해 소설 「황만근은 이렇게 말했다」, 「인간의 힘」,
「어머님이 들려주시던 노래」 등을 발표했다. 동인문학상과 동서문학상, 현대문학상 등을 받았다.

시의 소명은
우리 안의 참마음을
되살려내는 것

성석제 1980년대에 선생님을 연구실로 찾아뵙고 낮에는 시와 문학을 배우고, 밤에는 주점에서 도취와 '감격'에 빠지던 때가 바로 엊그제 같습니다. 그 동안 대학 강단에서 문학을 가르쳐 오면서 느끼셨던 소회며 보람에 관해 말씀해 주십시오.

정현종 대학에 문학이나 예술 교육, 인문적 소양이 참 중요하다는 느낌을 항상 받아왔습니다. 이건 학생뿐만 아니라 교수도 마찬가지예요. 예를 들어 이공계나 상경계 교수들이 대학 경영에 많이 참여하고 있는데, 대학이든 국가든 경영이나 실용 차원의 실제적인 능력이 필요한 것이긴 하겠으나 그것만 가지고는 안 된다는 얘기입니다. 교과 과정도 기술이나 정보와 지식 같은 것에 집중되고 있는데, 대세(大勢)라든지 먹고사는 일이 중요하지 않다는 게 아니라, 사람 사는 세상이 그래도 어떻게 살든 그저 살고 보자는 게 지상 과제일

수만은 없지 않겠느냐는 것이지요. 넓게 말해 문화적 환경도 아울러 가꾸어야 합니다. 인문적 가치에 대한 소양이나 자각 없이 기술이나 정보의 달인이 될 때 그 기술이나 정보가 파괴적으로 작용해서 자칫하면 세상을 황폐하게 만들기 쉽다는 말이지요. 인문적 가치라는 건 심성을 제대로 키우고, 그래서 남을 조금이라도 덜 해롭게 하고 더불어 사는 세상을 덜 불행하게 하기 위해서 필요한 앎이 아닌가 해요. 학교 생활에서 인품이 착한 젊은이들, 문학적 재능이 있는 후배들, 사람 사는 데 필요한 최소한의 기본을 갖춘 사람들을 얻은 게 큰 기쁨입니다.

좋은 시를 쓰거나 읽는 행위를 통해

잃어버린 참마음을 회복했으면 해요.

성석제 사회적인 정년은 한편으로 시인에게는 정년이 없다는 것을 돋보이게 합니다. 한번 시인이 되면 영원히 시인이라는 점에서 '천형(天刑)'이라고 표현하기도 하지요. 물론 그건 소설도 마찬가지인데 소설을 쓰다가 절필했다는 말은 들었어도 시를 쓰다가 그만 쓰겠다는 사람은 본 적이 없는 것 같아요. 그것은 시가 그만큼 소설보다 육화(肉化)되기 쉬운 것이고, 진정한 시인은 시가 육화된 인간을 의미하는 게 아닌가 싶은데요, 선생님께 시는 무엇입니까?

정현종 글쎄, 시란 이러저러한 것이라는 설명이, 나도 그런 글을 몇 편 썼지만, 시 자체하고는 늘 거리가 있어요. 시라는 게 늘 개념적인 설명이나 정의에서 빠져 달아나니까. 그런데 여러 해 시를 읽고 쓰면서 분명하게 느낀 건 그게 살맛을 느끼게 한다는 겁니다. 좋은 시를 읽으면 마음이 솟아오른다고 할까, 고양되거든요.

그걸 좀 구체적으로 이야기하려고 시적 이미지는 싹과 같다는 얘기를 합니다. 마음이 싹튼다고 해도 좋고 홀연히 새싹 같다고 해도 좋고 끊임없이 새로움 속에 있게 한다고 해도 좋고, 하여간 마음 안팎을 무슨 여명과 같은 동트는 분위기에 싸이게 해요. 비슷한 맥락에서 시를 두고 '깃-언어'니 '빛-언어'니 하고 얘기한 적도 있지요. 시를 쓰거나 읽는 순간, 고요한 마음에 자기와 남과 세상이 잘 보이고 잘 들리고, 하여간 잘 느끼는 그 순간, 우리들이 잃어버린 채 사는 어떤 참마음을 회복한다면 다행이겠지요.

성석제 제가 청년기에 읽었던 선생님의 시는 "나는 언어의 하느님이신 침묵의 돔에 경배한다."는 「나는 별아저씨」의 한 구절처럼 시의 사원에 있는 사제의 육성을 느끼게 했습니다. 그 뒤로 남다르게 자연과 생태, 환경에 대해 관심을 가지셨던 것 같습니다. 그런데 근래에 발표하시는 시를 보면 대사회적 발언이 강해졌다는 것을 느끼게 됩니다. 「난경」이라는 시에서는 "권력이나 돈이 걸린 싸움이 너무 상스럽고 맹목적이면/ 그 탐욕의 난경이 우리 모두의 고통이 된다./ 국가든 정부든 무슨 기관이든 개인이든/ 그 탐욕은 사회 전체를 난경에 처하게 한다."고 쓰셨고, 「지옥」이라는 시에서는 "낯설고 다른 것을 용납하지 않는 곳이 지옥"이라고 표현하셨습니다.

근래 작품에서 사회적 발언이 강해졌어요.

시대의 궁핍을 못 느끼는 게 치명적인 궁핍이죠.

정현종 권력이나 돈 같은 이권을 좇다 보면 인간은 거의 예외 없이 맹목적으로 변하는 것 같습니다. 인간의 모든 욕망이 물론 그런 면을 갖고 있지만, 정치처럼 공동체의 운명과 직결된 활동이 맹목이 되거나 심지어 제정신이 아닌 것 같다면 그건 보통 문제가 아니지요. 특히 통치 집단의 정신 상태나 태도에 대해서는 그 동안 수많은 비판과 경고가 있었는데도, 문제는 전혀 귀를 기울이지 않는다는 거예요. "시대의 궁핍을 궁핍으로 느끼지 못하는 게 치명적인 궁핍"이라고 독일의 한 철학자가 말한 적이 있는데, 개인들은 물론이고 특히 우리들 전체의 운명과 관계 있는 일을 하는 사람들은 경청할 줄 알아야 합니다. 이것도 그 동안 여러 번 얘기된 것이라 또 하고 싶지 않지만, 그런 태도가 오늘날 참으로 요구되는 것이기 때문에 되풀이할 수밖에 없습니다. 싸움이라는 게 생물의 기본 조건이라 하더라도 공인(公人)이라면 좀 더 큰 사람이 되어야 합니다.

성석제 선생님의 작품 세계에서는 우리 문학의 전통에서는 찾아보기 힘든 유머와 낙천성을 발견할 때가 많습니다.

정현종 살아가면서 개인이나 전체나 빈번히 난경(難境)에 부딪히게 마련인데, 그래서 유머는 항상 중요합니다. 어려움을 극복하는 방책 중에 유머는 대단히 유쾌하고 탁월한 방법이에요. 이해 관계에 얽혀 너 죽고 나 살자고 싸우는 아수라장에서 특히 필요한 게 그런 여유입니다. 서로를 즐겁게 살려내는 것, 그래서 자기도 사는 게 유머의 미덕인 거죠.

성석제 요즘 우울증이나 자폐증 같은 단어를 수반한 우리 문학의 위축에 대한 이야기가 많습니다. 픽션보다 더 픽션 같은 현실이며 극단적으로는 휴대 전화 메시지와 인터넷 글 쓰기로 대변되는 수많은 유사 글 쓰기, 치고 빠지는 글 쓰기들이 기존 방식의 글 쓰기를 무력화하고 있는 것 같습니다. 현재에서 미래를 관통할 새로운 문학 정신, 새로운 방법론을 어디에서 찾을 수 있을까요?

정현종 미래에 대한 통찰이 문학에 있는지 모르겠는데, 인간과 세계에 관해 정치와 경제, 과학 같은 것들의 전망과 다른, 그러니까 좀 더 근본적인 통찰을 보여 줄 수 있는 게 진정한 문학 정신이라고 할 수 있지 않을까요? 회복해야 할 가치이든 새로 발견한 가치이든 전 지구적인 삶에서 한 가닥 기쁨을 전해 주는 그런 게 아닐까 싶습니다.

성석제 우리는 지금 이분화와 양극화의 갈등을 극복해야 하는 숙제를 안고 있습니다. 혼돈스러운 시절, 시인과 작가의 역할은 무엇일까요?

정현종 글쎄, 혼돈이라는 게, 모든 창조 신화에서 보듯이, 창조를 위한 에너지가 아직 제 모습을 갖추지 못한 소용돌이로서 그 속에 무슨 씨앗이 들어 있는 그런 혼돈이라면 좋겠는데, 우리가 겪고 있는 혼돈은 그것에 한참 모자라는 수준이 아닌가 싶습니다.

그래도 제대로 생각하는 사람들의 목소리가 있으니 다행이라고 할 수 있지요. 시인이며 작가가 실제로 할 수 있는 일이 뭔지 모르지만, 일단 대세나 역사의 흐름에서 균형이 깨질 때 그걸 민감하게 느끼는 역할이 있겠지요. 마음의 여유와 기쁨에 대한 감각이 없는 삶은 사람의 삶이 아닙니다.

욕심이 없어서 늘 정신이 맑은 시인과 작가가 우리의 삶에 필요한 건 이런 감각을 일깨우기 때문이지요. 이런 마당에 문단에서까지 무슨 조직이니 자리니 하여 목전의 이익과 권력에 입맛을 다시는 건 우스꽝스러운 일이에요. 내적인 부(富)에 늘 만족스러워하는 사람이 진정한 시인이며 작가입니다.

역사와 철학

우리가 오늘날 산다는 것은 단지 찰나에 불과합니다.
이미 이 이야기를 해도 금세 과거가 되기 때문에
'현재'라는 것은 계속 지나가고 있는 것이므로 사실 없는 것이나 다름없습니다.
거시적으로 보아 정신적인 뿌리가 거기에 다 있기 때문에
우리의 문화 유산을 가꾸고 찾고 보호해야 합니다.
우리 역사가 없으면, 그리고 우리 언어가 없으면
우리는 더 이상 우리 민족이 아닙니다. 앞으로도 계속 살아가야 할 것이 아닙니까?
우리 조상들이 지금의 이 순간까지 오게 한 것,
모든 삶의 뿌리가 다 문화재에 포함되어 있습니다.
이게 골치 아프다고 그냥 밀어버리고 아파트를 올려서야 되겠습니까?

김흥호——심중식

전 이화여대 교수인 현재(鉉齋) 김흥호와 한국산업기술대 겸임교수인 심중식은 서울대 공대에
재학중이던 1970년대 말 김흥호가 12년 동안 발행하던 잡지 《사색》을 보고
이화여대 교회를 찾아가 강의를 들으면서 사제의 인연을 맺었다.
김흥호는 황해도 서흥에서 목사의 아들로 태어나 와세다대 법학부를 졸업한 뒤
1948년 춘원 이광수의 소개로 다석 유영모(1890~1981)를 만나 깨달음의 길로 들어섰다.
목사이면서 유교·불교·도교의 철리에도 통달한 한편, 예언자적 풍모로 많은 사람들을 교화시켰다.
기계설계가 전공인 심중식은 김흥호의 강의를 들으면서 종교와 동양철학,
사람됨의 길이 무엇인지 배우게 되었다. 여타 제자들과 함께 『김흥호 사상 전집』을 펴내고 있으며,
스승의 삶과 사상을 알리기 위한 홈 페이지(www.naalla.com) 운영에도 참여하고 있다.

온 국민이 따르는
철인(哲人) 같은
지도자가 나와야 해

심중식 현대는 격변과 혼돈의 시대라 합니다. 특히 우리나라는 IMF 이후 급격한 변동과 변화를 보이고 있는데요, 요즈음 우리나라가 어떻게 되는지 어디로 가는지 염려하고 불안을 느끼는 분들이 많은 것 같습니다. 우리 모두가 안심하고 행복하게 사는 사회가 되려면 어떻게 해야 되는지, 또 이런 현실에서 우리는 인생을 어떻게 살아야 되는지 여쭤보고 싶습니다.

김홍호 칼 야스퍼스는 『현대의 정신적 상황』이라는 책에서 현대인의 특징을 불안과 공포와 절망이라 했는데, 요즘 우리 사회를 보면 정말 불안과 공포와 절망이라 할 수 있지. 강도에다 살인마까지 계속 설쳐대서 이제는 밤길을 다니기도 무서운 시대가 되었잖아. 그리고 속이는 사람들이 하도 많아서 유기농이라 해도 믿을 수가 없고, 병든 고기니 불량 만두니 해서 먹을 것도 마음놓고 먹을 수 없는 불안한 시대가 되었어. 또 도산하는 기업은 늘어나 일자리도 없어지고 실직자가 많아서 노숙자가 늘고 카드 빚 때문에 신용 불량자가 생기고, 빚을 감당 못해서 지하철로, 한강으로 뛰어드는 사람도 있고, 이런 절망의 시대야. 우리의 현실은 정말 비참하고 불행하다고 할 수 있지. 그런데 이런 불안과 공포와 절망이 변하여 믿음과 사랑과 희망의 사회가 돼야 모두가 행복하게 되지.

심중식 어떻게 해야 그런 믿음과 희망과 사랑이 가득한 사회를 만들 수 있나요?

김흥호 야스퍼스가 불안과 공포와 절망을 이야기하면서 비유로 든 것은 계란이야. 계란은 발이 없어서 굴러다니니까 불안하고 또 깨질까 두렵지. 그리고 갇혀 있으니까 가만두면 썩고 말기 때문에 절망해. 철학이란 이렇게 보면서 말하는 것인데 그것을 관(觀)이라고 해. 그러니까 알이라면 깨어나야지. 불안과 공포와 절망의 알에서 깨어나 하늘을 나는 독수리가 되면, 하늘 높이 나는 희망과 높은 바위에 우뚝 설 수 있는 믿음과 온 세상을 내려다보는 사랑이 되는 거야. 영국 등 선진국에 가서 보면 사람들이 모두 희망에 차 있고 일자리도 많고 사람들이 모두 믿고 사는 신용 사회지.

이것들은 모두 바른 교육을 통해 이뤄지지. 초등학교에서부터 적성과 소질을 발견해서 진로를 알려 주고 기술과 학문을 배우게 해.

그리고 먼저 몇 년 동안 현장에서 일을 하다가 대학에 가서 공부한
뒤 다시 직장으로 돌아가지. 우리처럼 대학 졸업하고도 직장을 구
하지 못해서 절망에 빠질 이유가 없어. 게다가 초등 교육에서부터
정직을 가장 높은 덕목으로 가르쳐. 그래서 거짓말을 가장 나쁜 것
이라 생각해. 거짓이 없으니까 서로 믿고 사는 것이지. 또 어디를
가나 거저야. 병원에 가도 거저 치료해 주고 박물관에 가도 거저
야. 일체를 나라에서 책임지는 것이지. 또 일손이 필요하면 자원
봉사자들이 나와서 도와 주는, 말하자면 사랑의 세계지. 이런 세계
가 행복한 곳이야. 아리스토텔레스가 인간의 목적을 행복이라 했
는데, 이런 이상 세계를 건설하자는 말이지.

철인이란 어떤 사람인가요?

악을 이긴 강한 사람이요, 큰사람이야.

심중식 플라톤은 그런 이상 세계가 나오기 위해서는 철인이 왕이 되거나
　　　 왕이 철학을 해야 된다고 했는데, 철인이란 어떤 사람인가요?
김홍호 바위처럼 강하고 물처럼 지혜로운 사람이지. 예수처럼 세상의 모
　　　 든 악을 이긴 강한 사람이요, 큰사람이요, 밝은 사람이야. 그런 사
　　　 람이 또 행복한 사람이지. 모든 사람이 행복할 수 있도록 강한 나

라, 큰 나라, 밝은 나라를 만드는 그런 사람이 철인이지.

심중식 그렇게 강하고 크고 밝은 철인이 되는 방법을 또 여쭤보겠습니다.

김홍호 소크라테스의 말을 빌리자면, 절대자와 만나야 돼. 절대자와 만나야 철인이 되고 철인이 나와야 이상 국가가 되는 것이지. 우리 시대로 말하자면 대통령이 철인이 되어야 우리나라가 이상 국가가 된다는 뜻이지. 그러니까 대통령이라는 자리는 온 국민을 행복하게도 할 수 있고 불행하게도 할 수 있는 가장 중요한 자리야. 대통령은 온 국민이 믿을 수 있는 그런 큰사람이라야 되고, 또 그런 사람이 되려면 절대자와 만나서 철인이 되어야 해.

행복을 유다이모니아(eudaimonia)라 하는데, 이 말처럼 하나님과 같이 사는 행복한 사람이요, 그래서 또 모두를 행복하게 해 주는 철든 사람이지. 하나님을 만나서 깬 사람, 철인이 되면 멀리 볼 수 있는 그런 눈을 가지게 되고, 일체의 모순을 극복하는 힘을 가지게 되고, 모든 생명을 사랑하는 날개를 가지게 되지. 그래야 또 강한 나라가 되고 큰 나라가 되고 밝은 나라가 되는 거고.

심중식 『뜻으로 본 한국역사』라는 책에서 우리나라도 고구려 시절에는 정말 강하고 크고 밝은 나라였는데, 신라와 당나라의 합작으로 고구려가 멸망한 이후 그만 우리의 기상이 꺾이고 말았다고 했습니다. 그래서 약하고 힘없는 약소국이 되어 신라와 고려, 조선으로 내려오다 결국 멸망하고 말았다는 것이지요. 그러면서 우리나라 멸망의 원인을 신라의 기복 신앙과 고려의 사대주의, 그리고 조선의 당파 싸움에서 찾았어요. 그것도 결국 눈이 없고 힘이 없고 사랑이 없는 공포와 불안과 절망 때문이라는 말씀이군요.

김홍호 고구려는 정말 강하고 높은 나라였다고 봐. 고구려 유적이나 무덤을 보면 강한 기상과 높은 문명을 이룩한 나라였음을 알 수 있지. 그래서 고구려야말로 우리의 뿌리라 할 수 있는 나라였어. 그런데 그만 신라가 잘못을 했어. 신라는 고구려와 손을 잡고 당나라로 쳐들어갔어야지. 결국 삼국이 통일되지 못하고 대동강 이남의 아주 작은 약소국이 되고 말았잖아. 그래서 감옥에 갇힌 꼴이 돼 아까 말한 절망이 되고 말았지.

고려는 고구려의 뒤를 잇겠다고 나왔지만 왕건은 징기스칸 같은 인물은 못 되었어. 그래서 고구려의 옛 땅을 회복하지도 못하고 체제가 약한 약소국으로 남아서 결국 가장 불안한 시대를 겪게 되었지. 그 다음에 나온 이성계도 한때는 중원을 차지해 보겠다는 그런 꿈을 가졌지만, 결국 자기의 정권을 유지하는 데에도 급급한 형편이 되고 말았지. 그래서 임진왜란이니 병자호란이니 하는 전란을 겪어야 되는 공포의 시대가 되었지. 그리고 저마다 잡아먹겠다고 당파 싸움을 했어. 그래서 서울 이북의 소출은 중국이 가져가고 서울 이남의 소출은 왕과 관리들이 먹고. 결국 일반 백성들은 먹을 것이 없게 되었는데, 이렇게 빛이 없고 힘이 없고 생기를 잃은 시대가 되니까 왜놈에게 먹히고 만 거야. 그러나 이런 허무하고 고통스런 과정을 겪으면서 우리 백성들의 민중 의식은 깨어나기 시작했지.

우리 역사가 고난의 역사로 점철된 이유는

산고의 진통 때문이야.

심중식 함석헌 선생님은 우리 역사를 고난의 역사라 하셨는데, 선생님은 우리 역사의 앞날을 어떻게 보시나요?

김흥호 그러니까 우리 역사는 지난 1500년 동안 계란 상태로 살아오다가 비로소 3·1 운동으로 깨어나기 시작한 거야. 우리 대한민국이 왜 이런 격변을 겪는가 하면 산고 때문이야. 어린애가 나올 때 머리부터 나오면 순산인데 다리부터 나오면 난산이잖아. 우리나라가 태어나는 과정은 다리부터 나온 난산이었던 거지. 머리라는 통일부터 나왔으면 좋은데 다리부터 나온 거야. 3·1 운동이 나온 것도 제1차 세계대전이라는 전란의 고통 속에서 나온 것이요, 8·15도 제2차 세계대전의 결과로 나온 거니까 산고의 고난이라 할 수 있지. 결국 전란(戰亂)의 '란'이나 고난(苦難)의 '난'은 같은 것이야. 그래서 나는 이 두 가지 뜻을 겹쳐서 대한민국의 탄생을 난산이라고 해. 8·15 해방으로 우리가 다리라는 자유는 얻었는데, 몸통과 머리는 아직 나오지 못했지. 그래서 몸통이 나오기 위해서 겪었던 고난이 한국 전쟁이라는 것이야. 한국 전쟁을 동란이라고 하지만 그것도 어찌 보면 세계 전란이지. 유엔군과 소련, 중공, 북한이 싸운 것이니까. 이런 대란을 겪으면서 그 진통으로 나온 것이 독립이라는 몸통이야. 그런데 아직도 머리가 나오지 않았어. 머리가 나와야 통일인데. 그래서 앞으로 통일이 되려면 또 한 번 대란의 진통을 겪어야 돼. 그 대란이 지금 우리에게 다가오고 있는데 언제인지는 알 수 없지. 지금까지 50년이 넘게 기다렸는데, 앞으로 몇 년이나 더 있어야 될지 모르지만 느낌으로 별로 멀지 않은 것 같아.

심중식 평화 통일의 희망은 없나요? 공산주의란 무엇인가요?

김흥호 철학적으로 공산주의 이론은 사회주의와 유물 변증법이야. 유물이란 물질이라는 말이요, 변증법이란 움직이고 변한다는 뜻이지. 그래서 이 둘을 합하면 움직이는 물건, 즉 동물이야. 그리고 사회주의 건설을 위해서는 무자비한 폭력 혁명이라야 된다는 것이지. 결국 공산주의의 본질을 직관해 보면, 포악한 동물, 즉 호랑이나 늑대 같은 사나운 동물로 상징할 수 있지. 그러니까 공산주의와는 평화 회담이니 평화 통일이니 하는 것은 말이 되지 않는 거야. 어떻게 평화롭게 살 수 있겠어? 늑대나 호랑이와 같이 손잡고 갈 수 없다는 것을 사람이라면 다 알아.

원자탄이 있는지 없는지 모르지만 원자탄으로 위협하면서 내려오겠지. 그때 우리가 힘을 합쳐 싸우면 세계가 도와 줘서 이겨 낼 거야. 우리는 이라크와도 달라. 우리 문제는 세계가 해결해 주지 무슨 미국이 해결해 주는 것도 아니야. 우리 운명은 미국이 결정해 주는 것도 아니고 세계가 모두 힘을 합쳐 해결해 주는 것이지. 기독교로 말하면 하나님의 역사로 우리가 통일이 되는 것이지, 미국도 아니고 우리도 아니야. 그런 의미에서 나는 낙관적이지.

불안과 공포와 절망을 극복하는 방법은

시간성이야. 즉, 계란이 병아리가 되는 방법이지.

심중식 현대인이라면 누구나 불안과 공포와 절망이라는 실존적 고뇌를 안고 살아가는데, 이것을 극복하는 방법은 무엇인가요?

김흥호 그 해답으로 하이데거는 시간성(時間性)을 말했지. 시간성이란 계란이 병아리가 되는 방법이야. 계란이 병아리가 되는 데는 21일이 걸리지. 시간이 이렇게 정해져 있어. 이것을 동양에서는 시간 제단

(時間際斷)이라 하는데, 흘러가는 물을 끊어서 댐을 쌓듯이 시간을 끊는 것이야. 그래서 어미 닭 품에서 계란이 자꾸 변화되면 이것을 시간 성숙이라 하지. 나는 이것을 몰두라고 해. 몰두하지 않으면 성숙이 되지 않거든. 이렇게 몰두하다 21일이라는 시간이 되면 딱 깨어나는 순간이 와. 이렇게 딱 껍질을 깨고 나오는 순간을 시간 초월이라 하지. 그래서 시간을 초월해서 새처럼 하늘에서 사는 세계, 그것을 영생(永生)이라 해. 계란으로 오래 사는 것을 장생(長生)이라면 어미 닭이 되어 하늘을 나는 그런 삶이 영생이야.

그러니까 장생이 지옥살이라면 영생은 하늘살이지. 장생이라지만 계란이 오래 가면 얼마나 가겠는가. 사람이 100년을 산다면 장수한다고 하지만 시간으로 보면 100년도 순간이야. 예수는 33세에 죽었지만 지금도 예수를 찾는 사람이 얼마나 많은가. 노자는 이것을 '사이불망자수(死而不亡者壽)'라 했지. 우리 현실로 말하면 경제 계획, 정치 혁신, 문화 창조로 복지 사회를 이뤄야지. 그것을 해 내는 것이 나라로 말해서 시간성이야. 나라 살림의 경우에도 반드시 시간을 정해 놓고 노력해야지, 그저 막연히 경기가 좋아질 것이라고 하면 좋아지지 않아.

사색이라는 것도 시간성이야. 12년을 정해서 매달 한 권씩 내겠다고 정하고 시작한 거야. 매달 사상가들을 소개하기 위해 이것저것 찾아보면서 시간 성숙이 되고. 마지막 그 달의 말씀의 핵심이 무엇인지 깨달음이 나오면 그것이 시간 초월인데 그것을 권두언으로 했지. 그래서 모두 144개의 권두언을 모아 『생각 없는 생각』이란 책을 냈어. 이것을 당시 이화대학 학생이었던 미국의 최화자 교수가 영어로 번역하고 성균관대 이명섭 교수가 편집해서 『Thought beyond Thought』라는 제목으로 냈는데 잘되었다고 해.

종교의 핵심은 무엇인가요?

행복이야. 도의 세계를 사는 거지.

심중식 그럼 종교의 핵심은 무엇인가요?

김흥호 종교의 핵심은 두 가지야. 먼저 근본 경험이지. 근본 경험이란 무슨 지식이 아니라 구체적인 경험인데, 기독교로 말하면 바울이 부활한 예수를 만났다고 하는 그런 경험이야. 그런 근본 경험을 한 후에야 바울이 되거든. 윌리엄 제임스는 "내가 있어서 경험이 있는 것이 아니라 경험이 있어서 내가 있다."는 유명한 말을 했지. 이 근본 경험을 가지는 것이 가장 중요하고, 이 근본 경험을 가진 다음에는 도라는 것이 나오지. 『중용』에서 말하는 천명지위성(天命之謂性, 하늘이 명한 것을 성이라 한다)이 근본 경험인데, 그 다음은 솔

성지위도(率性之謂道, 성을 따르는 것을 도라 한다)라는 것이지.

도라는 것이 중요한데 내가 유영모 선생에게 배운 도라는 것은 일일(一日) '일식(一食) 일좌(一坐) 일언(一言) 일인(一仁)'이지. 그러니까 서른다섯 살 되는 3월 17일 근본 경험을 하게 되고 나서 매일 이 네 가지를 실천한 거야. 근본 경험이라는 견성(見性)과 도를 실천하는 수도(修道)야. 행복이란 다름이 아니라 이런 도의 세계를 사는 거야. 도를 통해서 행복이 무엇인지 알게 돼. 그리고 이런 행복을 남에게 전하는 것이 교라는 것, 수도지위교(修道之謂敎, 도를 닦는 것을 가르침이라 한다)라고 하지. 그래서 나는 종교의 핵심을 행복이라고 말해. 달마가 죽게 되었을 때 우는 제자들에게 얼마를 더 살았으면 좋은가 하고 물었지. 그래서 찰나를 살았으면 좋겠다는 제자에게는 골수를 얻었다고 했고, 하루를 살았으면 좋겠다는 제자에게는 피를 얻었다고 했어. 바로 이게 핵심이야.

심중식 우리 모두가 성경만이 아니라 불교나 유교를 알아야 되는 이유는 무엇인가요?

김흥호 나를 알기 위해서지. 원효를 모르고서 나를 알 수가 없고 퇴계를 모르고서 나를 알았다 할 수가 없지. 원효가 내 뿌리요, 퇴계가 나 자신인데, 원효나 퇴계를 모르고 어떻게 나를 알겠는가. "너 자신을 알라."고 했잖아. 내가 아니라 나 자신을 알아야 해. 나 자신이 누군가 하면 바로 원효요, 퇴계요, 다산이지.

심중식 선생님께서는 35세에 근본 경험을 체험하신 후 지금까지 50년을 한
결같이 경전과 고전을 강의하시고 계십니다. 왜 그렇게 고전을 강
조하시는지요?

김흥호 고전을 보지 않으면 우리 생명이 살아나지 못해. 사람은 떡으로만
사는 것이 아니라 말씀으로 사는 거야. 내 속 생명, 내 정신을 일깨
워 주는 것은 역시 고전이지. 고전이란 2000년, 3000년 된 책인데
그렇게 오래 가는 것은 살아 있는 글이기 때문이야. 그런 글이니까
앞으로 만년도 살아 있을 거야. 우리는 그런 산 글을 봐야지.

심중식 『논어』니 『맹자』니 『노자』니 『장자』니 하는 동양의 경전들은 모두
위정자들이 따라야 할 정치 철학이라 보는데요, 우리나라 정치 지
도자들에게 한 말씀을 해 주시죠.

김흥호 정말 사서삼경이니 노장이니 하는 것들은 모두 정치 철학이지. 그
런데 우리나라는 고시에 합격한 사람들이 위정자가 되는 세상이니
까 그들은 이런 경전들에 대해서는 일체 몰라. 『대학』이니 『중용』

이니 모두 어떻게 하면 나라를 바로잡느냐는 하는 정치 철학인데,
그것을 모르고 정치한다는 것은 말이 안 되지. 요새 다 우리 말로
번역되어 있으니까 마음만 먹으면 일주일에 사서삼경을 다 볼 수
있거든. 끼리끼리 권세를 마음대로 휘두르지 말고 고전을 읽고 나
라를 바로잡을 지혜를 얻었으면 좋겠어. 플라톤 같은 서양 고전도
좋지만 우리에게는 동양 고전이 제일 맞으니까, 동양 고전을 읽고
우리에게 맞는 말들을 좀 알게 되면 얼마나 좋아. 그렇게 되면 정
말 정치를 제대로 할 수 있지.

심중식 앞으로 대란이 올 것이라 하셨는데, 이런 어지럽고 힘든 세상 속에
서 보통 사람으로서 어떻게 살아야 될까요?

김홍호 언제나 '선생님'을 붙잡고 사는 수밖에 길이 없다고 생각해. 선생
님을 붙잡아야 내 소질을 발견하게 되고 내 소질을 키워 갈 수 있
거든. 역시 견성을 해야 내가 앞으로 무엇을 해야 될지 알게 되지.
그러니까 선생님을 만나야 내가 눈을 뜨게 되고, 선생님을 만나야
내가 힘을 얻게 되고, 선생님을 만나야 내가 날 수 있게 되지. 선생
님을 만나지 못하면 안 된다고 봐. 내가 행복하게 된 것은 선생님
을 만났기 때문이지.

심중식 요즘 정치권에서는 과거사를 정리하자는 말이 많은데요.

김홍호 우리의 과거는 1500년 동안 비참했던 과거지. 계란처럼 힘도 자유

도 없이 속국처럼 살았는데, 3·1 운동으로 의식이 깨고 8·15 해방이 된 거야. 그러니 이제 우리는 과거를 문제삼을 것이 아니라 미래를 바라봐야지. 선진국이 되는 꿈을 가져야지 과거만 들여다봐야 뭐 하겠어. 친일파라 욕해 봐야 다 죽은 사람들인데, 어떻게 하겠다는 거야. 우리의 미래를 생각해야지.

우리가 과거를 알아야 되는 것은 미래를 위해서야. 온고이지신(溫故而知新), 과거에서 힘과 지혜를 얻고 앞으로 어떻게 우리의 정치와 경제, 사회, 문화를 아름답게 키워야 되는지, 그런 연구를 해야지. 과거에 누가 어떤 잘못을 했는지 따질 것이 아니라, 대신 고전을 통달해 거기서 정치 철학을 얻어 가지고 우리도 한 번 이상 세계라는 새로운 시대가 나오도록 해야지.

대통령이라 하면 모든 사람들이 믿고 우러러보는 그런 사람이 나오고. 그래서 국민 모두가 힘을 모아 나라의 발전을 위해 몰두하면 우리의 앞날은 한없이 밝을 거야. 물론 앞으로 난산의 진통으로 싸움이 한 번 있으니까 그것을 피해서 도망치면 안 돼. 싸워 이겨야지.

나는 우리의 미래를 굉장히 낙관적으로 봐. 우리나라의 앞날은 양양해. 우리는 22세기에 가장 높은 문화국으로서 세계 역사의 주역이 될 거야. 내가 지금 성경을 강의하는 것은 지금 사람들을 위해서 하는 것이 아니라 22세기를 위해서 하는 거지.

김용준——이유선

고려대 명예교수 김용준과 이유선은 이유선이 고려대 철학과에 재학하던 1983년 당시
해직교수였던 김용준의 독회 모임에 참여함으로써 사제의 인연을 맺었다.
김용준은 서울공대를 졸업, 미국 텍사스의 A&M대학에서 유기화학으로 이학박사 학위를 취득하고,
고려대 공대 화공과 교수, 공학부장을 지냈으며, 대한화학회 회장을 역임했다.
그는 평생 함석헌을 은사로 모시면서 종교와 과학의 문제를 가지고 치열하게 사고한 학자인 동시에
독재하에서는 기독자교수협의회 회장으로 정권에 맞선 민주 인사였다.
이유선은 고려대 철학과를 졸업하고 동 대학원에서 박사 학위를 받았으며,
미국 버지니아 대학에서 리처드 로티에게 박사 후 과정을 마쳤다.
현재 고려대 철학과 강사로 재직 중이며, 1999년 한국아메리카학회 논문상을 수상했다.

물건의 과학보다
인간성의 과학을
발전시켜야지

이유선 다른 사람들은 선생님을 민주 인사, 과학자, 종교인 등으로 알고 있지만, 제게는 항상 책을 읽으시는 독서인의 모습으로 각인되어 있습니다. 먼저 '책을 읽는다.'는 것이 선생님께 어떤 의미를 갖는지 알고 싶습니다.

김용준 독서에 대해 특별한 의미 부여를 하고 있지 않아서 옛날 이야기부터 해야겠네. 우리 나이의 사람들은 대체로 일제 시대에 태어나서 대학 입학할 때까지 일제하에서 자랐으니까, 철들 때까지 일본 치하에서 커온 사람들이지. 내가 유기화학을 전공하게 된 첫 번째 동기도 군대에 끌려가지 않기 위해서야. (웃음) 일본 사람들한테 감탄하는 것 가운데 하나는 그 지독했던 일본 군부 세력이 나라가 망하는 상황에서도 이공계 사람들은 군대에 끌어가지 않았다는 거야. 식민지인데도 이공계 사람들은 징집을 안 했어. 해방되고 나서

6·25 동란을 겪었는데, 요즘 젊은 사람들은 6·25 동란하면 마치 임진왜란 이야기하는 거나 같을 거야. 나는 6·25 동란이 내 생애에 큰 모멘트였다고 생각해. 소위 386세대들의 요즘 행태는 생리적으로 납득이 안 돼. 이런 건 감정이지 이론이 아니야. 내 주변의 모든 사람이 죽어 나가는 전투를 실제로 겪었으니까. 일제 때 고생하다 살아남은 사람들이 일제 시절을 생각하는 것도 마찬가지겠지. 이승만의 반일도 어떤 의미에서는 생리적인 것이었을 거야. 남북 화해도 좋지만, 저쪽의 사과가 먼저 있어야 하지.

6·25 동란 직후 대학 졸업장을 받고 천안농고에서 교편을 잡았지. 말만 천안농고지 당시에 천안 지역에 내려와 있던 경기, 배재 등 웬만한 고등 학생들은 다 거기에 등록해서 배우고 있었어. 나는 화학 선생이었는데 화학뿐만 아니라 영어, 영작문, 심지어 독일어까지 가르쳤지. 말하자면 만능 선생이었던 셈이야. 천안농고 현관 옆 수위실을 내 방으로 썼는데 거기서 학생들을 데리고 《타임》을 읽었지. 방과후에는 농고생과 타교생들을 교회에 모아놓고 가르쳤어. 책 읽는 것은 사실 그때 시작되었지.

지금 돌이켜 보면 일생 동안 주변에 크든 작든 독서 모임이 있었던 것 같아. 심지어 미국 유학 시절에도 독서 모임을 가졌지. 요즘은 칸트와 헤겔을 읽고 있지만, 때로는 내가 왜 이런 걸 읽어야 하나,

이게 내게 얼마나 도움이 될까 하는 생각도 들어. 그런데 안 읽는 것보다는 낫잖아. 그런 시간을 내 삶의 한 부분으로 가지고 있다는 것은 분명 기분 좋은 일이거든.

이유선 지금의 독서 모임은 언제부터 시작하셨나요?

김용준 해직 시절에는 하루 쉬고 하루 놀고 하는 식이었는데, 교회에서 처음에 불트만을 읽었어. 미국에서 학위를 받은 후에 우연히 읽게 된 불트만의 『예수와 신화론』을 읽고 충격을 받았던 것이 계기가 되었지. 독서 모임이라는 것이 처음에는 많은 사람이 시작해도 나중에 남는 것은 몇 명 안 되지. 처음에는 이화대학 허혁 박사가 충실히 번역해 놓은 불트만의 책을 읽었어. 교회 목사님이 빌립 모임이라고 이름을 붙였고 그렇게 시작된 거지. 이 박사도 잘 알지만 거기 거쳐 간 사람이 꽤 많잖아. 언젠가는 포항 공대에 갔더니 총장이 나와서 나한테 독일어를 배웠다고 인사를 해. 80을 바라보는 나이가 되고 보니 내 인생이 잡탕이라는 생각을 해. 한 가지를 꾸준히 하지 못하고. 실험유기화학자가 한창 때 만 9년간 해직되었으니……. 그래서 지금도 나를 화학회장 시켜 준 게 이해가 안 돼.

이유선 해직당하셨을 때 특별한 사건이 있었나요?

김용준 특별한 사건이 있었던 것도 아니야. 70년대에 기독자교수협의회라는 단체가 있었어. 거기서 「신학과 과학의 대화」라는 강연회를 했는데, 거기서 발제 강연을 해달라고 해서 참석을 했지. 그때 양호민, 노명식, 안병무 씨가 발제 강연을 했던 것 같은데, 그 자리에서 중앙위원이 되었어. 당시에는 그저 불트만을 중심으로 이야기를 한 건데, 얼마 후에 그 단체의 회장이 되고, 자동으로 기독교학생운동총연맹 이사가 되었어. 나중에 이사장이 되었는데 당국에서 볼 때 악질로 보였던 모양이야. 그때 당시 전국대학교수 모임은 그거 하나여서 그랬던 모양이야.

함석헌 선생님의 영향을 많이 받았다고 하던데요.

도를 찾던 구도자셨어. 화학 빼고는 다 배웠지.

이유선 선생님께 가장 많은 영향을 준 사람은 아마도 함석헌 선생님일 것 같습니다. 함 선생님한테 얻은 인생의 교훈을 간단하게 말씀해 주시지요.

김용준 현재 《교수신문》에 「내가 본 함석헌」을 연재중이라서 요즘도 함 선생님 생각을 많이 해. 내가 함 선생님을 처음 본 건 1948년이야. 종로 화신백화점 골목을 돌아서는데 하얀 종이에 '성서 강의, 함석헌' 이런 게 씌어 있어서 YMCA 강당에 가 보았지. 가 보니 두루마기를 입고 수염을 기른 영감이 이야기를 하는데 교회에서 들었던

것과 전혀 다른 이야기를 하거든. 인상이 강했지. 그래서 그 다음
부터 주일날 오후 2시는 만사 제쳐두고 거기에 다녔지.

6·25 바로 일주일 전에 함 선생님이 "이 백성들이 왜 이러지. 지금
밑에서는 용암이 이글이글 타오르는데 그 위에 살짝 덮인 암반을
마치 만세 반석처럼 여기고 까불고 있으니 이게 언제 터질지 몰
라."라는 말씀을 하시더라고. 아마도 구약의 예언자들이 이런 식이
아니었나 싶어. 개인적으로 만나게 된 것은 당시 천안농고 교장 선
생님이 함 선생님의 농원을 인수한 것이 계기가 되어 함 선생님이
농고로 오셨지. 양복 입으신 것을 그때 처음 뵈었는데, 사진을 찍
어야 했는데……

나는 화학 빼고는 다 함 선생님한테 배웠다고. 함석헌하면 마치 주
먹질만 하는 사람으로 아는데 그것은 난센스야. 함 선생님의 80퍼
센트는 도를 찾아 헤맸던 구도자지. 함 선생님이 "누가 나처럼 수
줍은 놈을 미친놈으로 만들었느냐." 하신 적이 있잖아. 함 선생님
을 정치적으로 이용해서는 안 되지. 함 선생님 돌아가신 후에 내가
《씨알의 소리》 편집인을 맡아서 하다가 그만둔 이유도 정치적으로
이용하려는 사람들이 있어서야. 함 선생님의 가르침은 '기다림'이
지. 평생을 기다리다가 가신 분이지. 그 기다림이 무엇인지는 모르
지만…… 그런 인물 당분간 어렵지 않을까? 시대도 많이 변했고.

이유선 "사람을 망치지 않고서 어떻게 교육을 한다고 할 수 있는가."라는 함석헌 선생님의 말씀을 들려주신 적이 있습니다. 요즘 교육은 모두 사람을 출세시키는 교육만 하고 있다고 생각합니다. 최근에 거론되는 소위 이공계의 위기에 대해서 어떻게 생각하시는지요?

김용준 그때 사람을 망친다는 말은 이런 뜻이야. 부모가 자식에게 바라는 게 있잖아. 자기 자식을 망가뜨리지 못하고 어떻게 선생 노릇을 하겠느냐는 것인데, 부모 뜻을 거스르면서 주체적인 인간이 되고자 하는 자식을 두지 못한 사람이 남의 자식을 제대로 교육할 수 있겠느냐는 거지.

최제우를 교수형 시키고 김대건 신부를 죽이던 시절, 일본 도쿠가와 막부는 당시 최고 선진국이었던 네덜란드에 열다섯 명의 유학생을 파견해. 이 한 가지 사실만으로도 그 다음은 말할 필요가 없잖아. 토인비가 일본에 왔을 때 한국에 가 보지 않겠느냐 했더니, 인류 역사상 가장 격동적인 500년의 시기를 하나의 왕조가 군림했던 나라에 볼 게 뭐가 있어서 가겠냐고 말했다잖아. 1962년도에 미국에 가 보니 일본인들이 꽤 있더라고. 모두 동경대 교수였어. 그 야말로 놀 유(遊)자 쓰는 유학을 하고 있는 거야. 나도 정부가 보내 준 경우는 아니었지. 그런 거 보면 우리나라 정부가 참 무책임한 거야. 국민들이 똑똑해서 이만큼 된 건데.

이유선 지금 대학 교육이 위기라고 하는 우려, 또 학문 후속 세대가 단절
       된다고 하는 우려에 대해서 어떻게 생각하시는지요?

김용준 어느 나라 쳐놓고 엘리트 주의 없는 국가가 있나? 정운찬 총장 말
       대로 서울대를 없앨 것이 아니라 서울대가 몇 개 더 있어야지. 돌
       격 부대만 가지고 돼? 후방 부대가 있어야지. 우리나라 교육이나
       과학 정책은 전부 쇼야. 내가 보기엔 민망한데, 신문마다 해외 저
       널에 우리나라 학자의 무슨 논문이 실렸다고 호들갑을 떠는데 그
       거 세계적으로 보면 웃기는 이야기야. 그런 거 가지고 노벨상이 금
       방 나올 것처럼 떠들어대니. 교육만 해도 인프라가 없는 것이 문제
       야. 나는 학문 후속 세대가 단절된다고는 안 봐. 결점이라고도 할
       수 있지만, 우리나라 국민만큼 자식 교육에 열성 있는 나라가 어디
       있나. 나보고 말하라면 과외는 나라가 망할 때까지 없어지지 않을
       거야. 자기 자식 공부시키려고 돈 쓰겠다는데 그걸 어떻게 막아.
       사회적인 시스템으로 그런 걸 막는다는 건 말도 안 되지. 과외가
       나쁘더라도 그냥 놔두면 저절로 해결돼. 전두환이 과외 없앤 것을
       치적으로 자랑하는 것도 난센스지. 학위를 딴 직후가 가장 머리가
       잘 돌아갈 때인데, 학위를 받고 귀국한 사람을 보따리 장사 만들고
       나라 잘되길 어떻게 바래? 국가가 하려면 큰돈이 들지도 않는 일
       인데, 관심이 없어서 그렇지. 대전 엑스포에 1조를 쓰면서…… 그

돈이면 카이스트 같은 대학 몇 개를 세울 텐데. 재작년 일본 화학 노벨상 수상자 이야기에서 배워야 해. 그 무명의 연구원이 노벨상 통보 전화를 받고 전화 잘못 걸었다고 끊었다잖아. (웃음) 그 사람 석사 학위도 없어.

대학 교육의 위기를 어떻게 풀어야 할까요?

대학은 직업 훈련소가 아냐.

이유선 교육이 엘리트를 길러내야 한다는 말씀에는 동의합니다만, 부모의 경제력과 무관하게 학생이 재능을 발휘할 수 있고, 엘리트가 아닌 사람들이 패배자로 살지 않을 수 있는 사회적 틀이 동시에 마련돼야 할 것 같습니다. 교육 문제는 어디서부터 풀어야 할까요?

김용준 우리나라는 어려서부터 과학을 하나의 문화로 인식하게 교육을 시키질 않아. 교육이 정치에 오염되어 있지. 나더러 말하라면 70년대에 등장한 예비고사라는 것이 사실은 유신 시절에 대학을 옭아매기 위해 만들어진 제도야. 교육 제도가 교육 자체를 문제삼아야 하는데 정권 유지 차원에서 가져간 거니까. 말하기도 부끄러운 소린데 해직됐던 당시에 중앙정보부가 학생 회장들을 모아서 동남아 여행을 시켜 줄 정도였어. 당시에는 대학이 야당이니까, 박정희는 대학을 정적으로 본 거지. 만일 내게 권한이 있다면, 각 도의 국립 대학을 엘리트 양성 기관으로 만들 거야. 거기다가 전적으로 보조를 해서 모든 것을 교수들에게 일임하고. 요즘 프로젝트는 교수들의 재량권이 없어. 대학 교수들 요즘 로봇이야. 이러고서 뭘 어떻게 하라고. 대학은 직업 훈련소가 아냐. 당장 필요한 기술은 기업들이 알아서 해. 정치가 교육을 좌우해서는 안 돼.

이유선 과학 기술의 발달을 통해서 마치 인간이 모든 불치병을 극복하고 수명을 획기적으로 연장할 수 있을 것처럼 말들을 합니다. 과학 기술은 우리에게 축복일까요, 아니면 재앙일까요?

김용준 1972년도 스톡홀름 인간 환경 선언의 리더이자 『오직 하나뿐인 지구』, 『인간이란 동물』의 저자인 미생물학자 르네 뒤보가 1968년에 쓴 글을 보면 이런 게 나와. 지금까지 우리가 발전시킨 과학은 '물건의 과학'인데. 앞으로 우리가 발전시켜 가야 할 과학은 '인간성의 과학'이라고. 이 한마디 가지고 대강 되는 것 아닐까?

이유선 정보 통신 기술이 우리의 삶의 방식을 상당히 바꿔 놓고 있습니다. 철학자 가다머도 한 인터뷰에서 컴퓨터는 질문을 던질 줄 모르기 때문에 사용하지 않는다고 말한 적이 있는데, 선생님도 컴퓨터나 휴대 전화 같은 것은 별로 좋아하지 않으시죠?

김용준 요전에 누가 그러대, B.C.가 요즘은 Before Computer라고. 미국

대통령 헨리 애덤스가 영국에 가서 발전기를 보고 '성 다이나모'라는 말을 썼거든. 발전기에서 나오는 에너지를 보고 그게 성모 마리아라는 거지. 컴퓨터가 물론 문제가 되지. 공개하지 않은 휴대 전화가 하나 있긴 한데, 외손자 녀석이 군대 가기 전에 뭔가를 잔뜩 집어넣고 갔지. 그런 아이들이 우리 연배가 되었을 때 세상은 달라지겠지. 그러나 같은 인간으로 남을 것은 확실한 것 아닌가?

이유선 개신교 교회 장로님으로서 독실한 크리스천이신데 과학적인 신념과 종교적 믿음이 상충하는 경우는 없었는지요?

김용준 우리나라 기독교계에서 가장 진보적이라는 게 한신대야. 근데 그게 보수(conservative)야. 우리나라는 처음부터 진보(progressive)는 없어. 법황이 2003년에 진화론을 인정했지. 근데 지금 개신교에서는 말도 안 되지. 나는 모태 신앙으로 교회 장로이긴 한데, 사실은 일요일이면 교회에 나가서 밥 얻어먹는 거야. 어머니를 모시고 교회에 가면 좋아하셨거든. 그러다 목사님께 붙들려서 장로가 되었지. 해직교수 장로 시킨 건 그 교회밖에 없을 거야.

종교가 인간 사회에 있는 거 아냐? 종교는 집단적인 생존을 위한 필요에서 생긴 것 아냐? 때때로 당신도 크리스천이냐고 질문을 받는데, 불교도는 아니니 크리스천이라고 할 수밖에. 어머니가 불교도였으면 불교도가 되었을지도 모르지. 학위 논문 쓴 직후에 불트

만의 『예수와 신화론』을 읽고, 함 선생님을 만난 이후 제2의 충격
을 받고 성서에 대한 생각이 바뀌었지. 이 박사와 같이 읽었지만,
하이데거와 가다머도 읽고, 지금의 종착역은 '과학과 기독교의 문
제'야. 심하게 말하자면, 우리나라 교회는 종파의 생존을 위한 폭
력 집단 같은 거야. 자기 교단의 신학교가 있고 그 교단의 교리에
벗어나는 소리를 하면 신학교 선생들이 다 쫓겨나니까. 우리나라
대형 교회는 종교가 아니지.

이유선 미국의 철학자 로티는 모든 절대주의에 반대해서 '다신론'을 주장
하고 있는데, 선생님의 입장과 비슷하다고 볼 수 있을까요?

김용준 로티 말마따나 많은 사람들을 보다 더 행복하게 하는 게 종교지.
히로시마 원폭 투하 직후에 하이젠베르크가 바이체커와 대화하면
서 이런 말을 했어. "미국이 유토피아의 모델이었는데 그 나라가
이제 다 이긴 전쟁에 원자탄을 썼다는 것은 분명히 실수이다. 미국
이 테러리스트의 나라로 몰릴 텐데 이것을 어떻게 감당할 것인
가?" 와세다 대학 게스트하우스에서 이런 글을 혼자 읽으면서 내
얼굴이 다 벌게지더라고. 인류 전체의 행복 같은 것을 종교는 생각
해야 하고 과학 기술도 종교적 포용의 대상이 돼야 할 거야. 그런
의미에서 '과학화된 종교'가 필요한 거지. 과학이라는 건 인간이니
까. 나는 종교의 과학화를 종교의 인간화하고 같은 의미로 보니까.

이유선 요즘 논란이 되고 있는 과거사 청산의 문제를 보면서 역사란 무엇인가 하는 본질적인 문제에 대해 생각해 보게 됩니다.

김용준 내 입장은 과거의 독재 정권을 평가하는 잣대와 북한을 평가하는 잣대가 같아야 한다는 거야. 지금 민주 인사들이야 다 잘 알지. 예전부터 나는 박정희 정권을 재는 잣대를 가지고 왜 이북은 안 재는가라는 말을 해 왔어. 그래서 비난을 받았지만 이것은 양보 못해. 유신 때 우리가 한 소리가 "그래, 거지부터 대통령까지 너희들 다 해먹어라."였어. 그런데 요즘같이 하면 그런 반발이 다시 나오지. 쇼만 하고 있지. 클린턴이 대통령이 되었을 때 '젊은 망아지'라는 말을 들었는데, 그게 일 년 만에 바뀌었다고. 이 정권도 성숙성을 회복하기를 바래. 정치가 좌우로 크게 흔들리고 있는 상황인데 빨리 평형점을 찾아야지. 5000년을 살아 온 백성인데 나라가 망가지리라고 비관적으로 생각은 안 해.

이유선 민주화 운동을 했던 인사들과 지식인들의 정치 참여가 활발한 것 같습니다. 특히 지식인의 정치 참여는 고전적인 철학적 문제이기도 한데요.

김용준 그 문제에 대해서는 일률적으로 말할 수 없지. 함 선생님을 주먹질
만 해대던 사람으로 보는 것은 나보고 이야기하라면 잘못 보는 거
거든. 지식인은 좀 거리를 두어야 하는데. 나는 사실 어느 면에서
한 것도 없이 해직당했어. 민주화 운동을 적극적으로 했다기보다
는 과학자 대표로 모임에 참석했다가 말려든 경우지. 지나고 보니
도리어 고맙게 생각하는데 어쨌든 지식인, 더군다나 대학 교수들
은 정치 참여를 자제하고 학자답게 거리를 두었으면 해.

이유선 로티 교수는 새로운 문화의 패러다임으로 '문학적인 문화'를 이야
기합니다. 여전히 많은 문제를 안고 있지만, 선생님이 민주화 투쟁
을 하셨던 시절에 비하면 우리 사회가 많이 나아진 것 같습니다.
한국 사회의 희망을 말하기 위해서 어떤 '문화'가 만들어져야 한다
고 생각하시는지요.

김용준 역시 인간성의 문화라고 할까, 이런 차원으로 나아가야 하는 거 아
닐까? 인간답다는 것이 뭐냐고 한다면 논의가 있을 수 있지만, 로
티가 문학이라는 말을 쓰는 것도, 문학이라는 거야말로 도그마가
없잖아. 로맨틱하다고 할까. 그 사람 어쨌든 도그마를 부인하는 사
람이잖아. 그런 차원에서 이 박사가 공부하고 와서가 아니라 나는
로티가 좋아. 그 사람을 비판하는 사람들을 보면 도그마틱하잖아.
기독교가 도그마가 되면 안 되지.

이유선 과학과 기독교가 도그마의 차원을 떠나면 양자가 서로 만나지 못
할 이유가 없다고 보시는 거군요.

김용준 그렇지. 하이젠베르크의 『부분과 전체』 첫마디가 뭔가? "과학은
인간에 의해서 이루어지는 겁니다. 이렇게 쉬운 사실을 사람들은
너무 쉽게 잊는다." 이거 아냐? 왓슨도 과학이라는 게 인간들이 티
격태격하면서 만들어진다고 말한 적이 있지. 앞으로 컴퓨터가 어
떻게 될지. 모든 게 상품화되는 게 문제야. 과학도 상품화되고. 문
화 전반에 철학이 깔려 있어야 해. 대학도 상품화 논리를 벗어나서
철학에 바탕을 두어야 하지.

차하순──임지현

서강대 명예교수 차하순과 한양대 교수 임지현이 처음 만난 것은 28년 전 일이다.
1977년 서강대 사학과에 들어간 임지현은 차하순의 지도를 받으며 학사와 석사, 박사 논문을 썼다.
차하순은 함경북도에서 태어나 서울대 사학과에 재학 중 한국 전쟁을 겪었다. 그리고 동대학 대학원을 졸업하고
미국 브랜다이스 대학 대학원에서 박사 학위를 받은 뒤 『르네상스의 사회와 사상』, 『형평의 연구』,
『서양 근대 사상사 연구』, 『역사와 지성』 등의 저서를 냈다. 단국대와 서강대 교수로 재임했고,
역사회 · 서양사학회 회장, 서강대 부총장을 역임했다. 현재 대한민국학술원 회원이다.
유신 말기와 80년 광주 민주화 운동을 대학생으로 마주쳤던 임지현은 『마르크스 · 엥겔스와 민족 문제』,
『민족주의는 반역이다』, 『그대들의 자유』, 『우리들의 자유』, 『이념의 속살』 등의 저서가 있다.
계간지 《당대비평》 편집위원을 역임하면서 사회적 발언도 활발하게 해 왔다.

생활 속에서
실천하는 민주주의라야 성공해요

임지현 정치적 민주화에도 불구하고 적과 동지의 경직된 이분법이 요즈음 한국 사회를 지배하다 보니, 새삼 선생님의 지도를 받으면서 공부하던 서강대 사학과 대학원의 자유로운 분위기가 그리울 때가 많습니다. 다른 생각들 사이의 대화나 차이에 대한 관용 등은 여전히 찾기 어려운 덕목이 아닌가 합니다.

차하순 적과 동지의 이분법이야 어느 시대에나 존재하니 비단 어제 오늘의 현상만은 아닙니다. 예컨대 조선 시대의 당쟁이나 사화 등에서도 그러한 현상은 손쉽게 찾아볼 수 있습니다. 그런데도 정치적 민주화와 더불어 그런 현상이 격화되고 있는 것은 다소 예외적이고 또 분명해 보입니다. 기본적으로 그것은 유신과 5공의 정치적 후유증이 아닌가 합니다. 이 지배 체제가 20년 가까이 적을 양산해 냈고, 한이 많은 사람들을 산출한 결과겠지요. 그래서 모두가 입으로는 민주주의를 이야기하고 있지만, 서로가 생각하는 민주주의가 다르고 그 민주주의를 수식하는 언어도 다릅니다.

더구나 민주주의를 실천하는 면에서는 더욱 커다란 차이가 납니다. 문제는 그 차이가 아니라, 그 차이를 민주적으로 드러내고 조정해 나가는 준비가 되어 있지 않다는 점이지요. 인간의 기본적인 자유와 평등을 인정하는 바탕이라면, 생각의 차이는 오히려 민주주의가 발전하고 성숙될 수 있는 좋은 계기이기도 합니다.

임지현 그런 면에서 21세기 한국 사회의 민주주의는 여전히 과거의 유산에서 자유롭지 못한 셈이군요. 차이를 차별의 메커니즘으로 전화시켜 버리고, 나와 생각이 다른 사람들을 폭력적으로 배제하려는 관행은 여전히 사회에 깊이 뿌리박고 있으니 말입니다. 돌이켜 보면 유신과 5공의 암흑시대에 서강대 사학과 대학원은 예외적으로 독특한 리버럴의 ‘섬’이었던 것 같습니다.

차하순 그것은 나와 내 동료들이 지니고 있었던 지적 자유에 대한 확신 같은 것 때문이 아니었나 생각합니다. 인간이 지적인 자유로움을 추구해야 한다는 것은 학문하는 사람에게는 당연한 상식이고, 또 그 상식을 견지하는 한 자유로운 기풍은 당연한 귀결이겠지요. 가톨릭 교회에 대해 누구보다도 신랄한 비판을 가했던 에라스무스에 대한 논문을 쓴 내게 예수회에서 설립한 대학이 교수직을 제의한 것도 당시 서강대가 가졌던 자유로운 기풍을 잘 보여주는 예일 것입니다. 또 1980년대 초 민주화의 봄 당시 대학 민주화에 대한 지식인 선언에 서명해서 신군부에 끌려가 고초도 겪었지만, 교수직을 유지할 수 있었던 것도 대학 당국이 적극적으로 나서서 방패막이를 해 준 덕분이고요.

정치적 자유주의의 문제를 떠나서 지적인 진실을 추구하려면, 사유의 폭을 넓히고 상대성을 인정해야 합니다. 물론 학문적 훈련 과정이야 엄격해야겠지만, 그와는 별개로 지성인으로서 사고(思考)의 자유를 보장하는 것은 기본입니다. 이러한 기풍이 사회적으로 확대되지 못한 것은 기본적으로 우리 사회에 자유주의가 부재하기 때문이 아닌가 합니다.

임지현 대학원에 다닐 때 저희들끼리 종종 '유격 코스'라는 농담을 했던 기억이 납니다. 훈련 과정이야 힘들었지만, 제가 갖고 있는 생각이 선생님과 다르거나 차이가 있다는 이유 때문에 불이익을 받거나 어려웠던 적은 없었던 것 같습니다. 덕분에 저도 제 생각을 항상 다른 생각에 열어 두고자 노력했고, 그런 노력들이 상대적으로 유연한 사고를 가능케 하지 않았나 생각합니다.

그런데 사상사적 관점에서 보면, 프랑스 혁명 이래 자유는 항상 평등과 긴장된 갈등 관계에 놓여 있었던 것이 아닌가 합니다. 선생님의 연구 자체도 자유에 대한 강조와 평등에 대한 강조 사이에서 어떤 건강한 균형을 찾으려는 시도가 아니었는지요?

자유는 항상 평등과 갈등 관계였죠.

공정한 평등과 정당한 불평등이 필요해요.

차하순 　르네상스 휴머니즘에 대한 연구에서는 자유에 일차적인 관심을 두었지요. 그러다가 '형평'에 대한 연구에서는 평등 쪽으로 무게 중심이 옮겨졌습니다. 그러나 형평의 개념은 기계적 평등에 대한 비판적 관점을 안고 있습니다. 즉, 평등이 사회적으로 구체화될 때에는 기계적 평등이 아니라 직능이나 필요성 등등의 다양한 변수에 대한 고려가 필요하다는 겁니다. 불평등에도 사회적으로 인정해야 하는 공정한 불평등이 있을 수 있고, 평등도 그 자체가 아니라 공평하고 정당한 평등이냐가 중요하다는 거지요.

볼테르가 적절한 예를 들었듯이 추기경과 그의 요리사는 평등하기도 하고 또 불평등하기도 한 것입니다. 또 예컨대 대통령의 차량 행렬은 교통 신호를 어기지만 일반 시민은 교통 신호를 준수해야 한다는 것은 불평등이 아니라 직분에 합당한 평등이자 정당한 불평등입니다. 한 사람이 하나의 투표권을 가진다는 민주주의의 선거 원칙은 기계적 평등이라고도 할 수 있지만, 실제로 인간이 살아가는 사회에서는 '정당한 불평등'이냐 아니면 '불공평한 불평등'이냐의 문제가 더 많이 제기됩니다. 그러므로 중요한 것은 공정한 평등과 정당한 불평등이 아닌가 합니다. 이것은 고전적 민주주의의 평등 개념으로는 설명할 수 없는 사회적 현상이기에 형평이라는 개념을 발견한 것이지요.

임지현 제 개인적으로는 그렇기 때문에 '형평'이란 개념이 현실 사회주의의 기계적 평등이나 자유방임적 자본주의의 개체적 자유에 대한 일방적 강조를 넘어서는 새로운 대안을 모색하는 데 중요한 개념적 출발점이 되리라 생각합니다. 또 어느 면에서 그것은 사상사의 중요한 모티브였던 자유와 평등의 긴장과 갈등 관계를 건강하고 생산적인 긴장과 갈등 관계로 전화시키는 데 유효한 개념 장치라고도 생각합니다. 양자의 긴장과 갈등을 무시한 채 어느 하나를 일방적으로 강조하는 사고가 인간 사회에 가져올 수 있는 파국을 우리는 이미 20세기 세계사를 통해 경험한 바 있습니다.

차하순 그렇습니다. 그것은 나의 형평 연구의 밑바닥에 깔려 있는 문제 의식이기도 했습니다. 인간이 사적으로나 공적으로 행위를 교환하는 방식 그 자체를 일방적인 수평 관계로 환원시킨 현실 사회주의나, 사회적 약자를 무자비한 공격의 대상으로 삼았던 자본주의나 모두 형평의 잣대로 사회를 보는 데 실패했던 것이 아닌가 합니다. 그렇기에 형평 개념은 단지 사상사가뿐만 아니라 정치학자, 경제학자, 사회학자, 철학자들의 학제간 연구의 주제이기도 한 것입니다. 개인의 지식과 능력만으로는 완성할 수 없는 큰 주제지요.

현재 한국 사회의 극심한 이념적 대립은 자유를 일방적으로 강조하는 구세력과 평등을 일방적으로 강조하는 신세력의 갈등이라고 볼 수 있습니다. 가난을 개인적 게으름의 결과라고 차치할 수 없듯이, 부에 대해서도 무조건적인 비판이 아니라 공정한 부인가의 여부가 그 판단 기준이 되어야 하는 것입니다. 과거의 보수 세력이 전자의 경우라면, 현 집권 세력인 이른바 민주화 세력은 후자의 경우라 할 수 있습니다.

인간의 무조건적인 평준화를 지향하던 공산주의는 역사의 무대에서 사라졌으며, 자유 방임적 자본주의 역시 많이 수정되었다는 것은 엄연한 사실입니다. 따라서 그 어느 일방의 주장이 21세기의 한국 사회를 이끌어가는 대안이라고 보기는 어려운 상황입니다. 형평의 개념이 중요한 것도 바로 이런 맥락에서일 겁니다.

임지현 그런데 한편으로 신자유주의의 질서가 전 지구적으로 확산되는 과정은 민주주의의 의미에 대해 새로운 성찰을 요구합니다. 80 대 20의 사회에서도 드러나듯이, 80의 다수가 민주주의적 절차를 통해

20의 소수를 억압하고 배제하는 억압과 배제의 민주주의적 정당화라는 현상이 세계적으로 목격됩니다. 다수의 힘을 관철하는 대중 민주주의와 소수자를 고려하는 민주주의라는 민주주의 내부에서의 갈등을 어떻게 해소하는가도 역시 어려운 문제입니다.

차하순 민주주의가 안고 있는 그런 문제들은 이미 루소와 같은 계몽사상가들도 깨닫고 있었지요. 민주주의는 소규모 사회에서만 가능하다고 주장한 것도 그러한 이유에서입니다. 그러나 오늘날의 정치 현실은 국민 국가의 규모가 지배적입니다. 80의 다수가 20의 소수의 권리와 복지를 민주주의의 이름으로 부정할 수 있는 것도 그러한 이유에서입니다. 민주주의에서 소수자 문제의 해결은 정치 사상이나 정치 원리의 문제라기보다는 인간의 행위를 교환하는 방식이랄까 태도의 문제라고 생각합니다. 말하자면 입장을 바꾸어 놓고 생각해 보는 것이지요.

이러한 권리는 형평의 또 다른 중요한 측면이기도 합니다. 여당과 야당의 관계, 다수자와 소수자의 관계에서도 마찬가지입니다. 서로 입장을 바꾸어 생각해 보고 상대방을 존중할 때 단선적 대립을 넘어서 대화의 실마리가 풀리는 것이지요. 더 상식적으로 말한다면, 한마디로 사람이 고급해지고 질이 높아져야 된다는 거지요. 그런데도 그렇지 못하니까 '차이'를 두려워하고 자꾸 의견을 통일시키려고만 합니다. 예컨대 지금 언론이나 사회가 국회에 대해 '상생'의 정치를 하라고 주문하는데, 그것 역시 '차이'를 소화하고 상대방을 존중하는 성숙한 문화가 없기 때문입니다.

국회는 기본적으로 말 싸움을 하는 곳입니다. 서로 다른 의견과 정책들이 나와서 충돌하고 어느 주장이 더 합리적이고 타당한가를 가늠하는 정치의 장인 것입니다. 그런데도 자꾸 말 싸움이 본연의 임무인 국회에 대해 싸움을 중단하라고 외치고 '상생'을 주장하는 것은 무언가 잘못된 거지요. 국회가 본연의 임무인 말 싸움의 장으로 인식되기 위해서는 우선 서로 다른 의견이 경쟁하고 거기에서 합리적인 견해가 이길 수 있는 풍토가 조성되어야 합니다.

민족주의가 민주주의를 가로막는 장애물인가요?

민족주의의 선동에 빠지는 건 현실 고민 없는 탓이죠.

임지현 말 싸움이 아니라 몸 싸움을 하니까 자꾸 '상생'을 주문하는 것이 겠지요. 세계사적인 냉전 구도와 유신 및 5공의 독재체제를 겪으면서 아무래도 적과 동지의 이분법적 사고가 체제 진영이나 저항 진영을 막론하고 지배적인 기조가 된 것이 아닌가 합니다. 혁명 전 러시아의 '최대주의'와 같은 사고 방식이 선례가 되겠지요.

차하순 사실 정책이라는 것은 몸 싸움으로 해결될 수 있는 것이 아닙니다. 서로 종교가 다른 사람들이 자기 교리의 타당성을 주장하면서도 대화를 모색하는 점을 생각한다면, 정치적 대화도 불가능하지 않습니다. 성숙한 태도가 필요하다는 거지요. 사실상 민주주의는 일상적 생활의 성숙성이 뒷받침될 때 실현될 수 있습니다.

민주주의를 제도적인 것으로만 본다면 일면적인 것이지요. 제도적인 면에서 거시적 민주주의가 필요하지만, 일상 생활의 민주화인 미시적 민주주의도 못지않게 중요하지요. 정치적 후진국에서 민주주의가 실패하는 주요 원인은 제도적 민주주의만 이야기할 뿐, 일상의 민주화라는 부분을 무시했기 때문입니다.

임지현 저도 같은 맥락에서 '일상적 파시즘' 론을 주장한 적이 있습니다. 파시즘의 청산은 제도적 청산에 그치는 것이 아니라 일상에 침투된 혹은 사회의 결이랄까 기층 문화를 지배하는 파시즘적 아비투스의 극복이 중요하다는 논지였습니다.

차하순 민주주의는 제도이면서 문화입니다. 제도적 민주주의만큼 문화로 정착된 민주주의가 중요한 것이지요. 거시 민주주의와 미시 민주주의의 격차가 좁혀질 때, 그 사회는 진정으로 민주적인 사회라고 할 수 있습니다. 제도적 민주주의만으로는 불충분한 것입니다.

임지현 선생님을 비롯한 서양사 연구자들은 대개 민족주의에 대해 비판적 시각을 견지해 오셨는데요, 거기에는 민족주의가 민주주의를 가로막는 장애물이라는 판단이 작용했던 것은 아닌지요?

차하순 민족주의를 간단히 이야기할 수는 없지요. 우리 말의 민족주의는 배타성이 강한 이념이나 실천이라고 이해됩니다. 역사적으로 민족주의는 선과 악의 양면성을 갖고 있습니다. 19세기 유럽의 민족적 자유에 대한 주장에서 기원한 민족주의는 궁극적으로는 팽창주의를 초래했습니다. 민족의 자유와 평등도 개인의 자유와 평등처럼 기본적으로는 부정할 수 없는 권리입니다. 어느 민족이나 자유와 평등을 향유할 권리를 갖고 있습니다.

그러나 민족의 자유와 평등을 주장하는 그 순간, 민족주의는 외부 세계에 대해서는 닫힌 논리로 작동하는 경향이 있습니다. 제국주의와 식민주의의 역사적 경험이 잘 보여 주지만, 주변국의 저항 민족주의도 배타성을 일정하게 내포하고 있습니다. 세계화가 진전되면서 일부 역사가들은 민족주의가 단명에 그칠 것이라고 주장하기도 하지만, 사회·문화적 단위 공동체로서의 민족이나 국민 또는 국가는 상당 기간 역사를 움직이는 현실적인 힘으로 작동할 것입니다. 말하자면 국민 국가가 하나의 역사 형성력으로서 인류사의 과정에 개입할 수 있는 여지는 아직 많다고 생각됩니다.

어느 사회학자는 그래서 인류에게는 여전히 '부족주의(部族主義)'

의 요소들이 남아 있다고 주장하기도 했지요. 따라서 중요한 것은 민족주의와 세계주의의 조화를 어떻게 이룰 것이냐의 문제가 아닌가 합니다.

임지현　세계적인 역사학자 에릭 홉스봄도 『1789년 이후의 민족과 민족주의』의 초판에서는 민족주의의 소멸을 예견했다가, 유고 내전이 터지자 재판에서는 자신의 결론을 황급히 수정해야 했지요.

차하순　비단 홉스봄뿐만이 아니지요. 프랜시스 후쿠야마도 그랬지요.

임지현　불행히도 동아시아의 현실은 '역사 전쟁'이라는 수사에서 보듯이 민족주의의 물결이 여전히 거세고 또 일부 역사가들이 여기에 기여하는 것도 사실입니다. 후배 역사가들에게 당부하실 말씀은?

차하순　역사가들은 과거 지향적 학문 태도를 버리고 현실의 정치 사회적 움직임에 대해 깊은 관심을 가져야 합니다. 고대사냐 중세사 또 아시아사냐 유럽사냐의 전공 구분에 상관없이 현대 사회에 대한 관심은 역사가들의 의무이기도 합니다. 그러기 위해서는 과거의 사건이나 사람에 대한 역사적 진실이 오늘날의 문제 해결에 실마리를 제공한다는 확신을 가져야 합니다.

역사학은 문제 해결의 지식이 될 수 있습니다. 그런데도 오늘날 동아시아의 일부 역사가들이 권력이 주도하는 민족주의적 선동에 말려들고 있는 것은 현실에서 멀리 떨어져 있기 때문입니다. 역설적으로 말해서, 현실에 대한 고민의 부재가 정치 현실에 이용당하는 결과를 초래한다는 것입니다. 현실에 대한 첨예한 문제 의식을 가다듬고 학문적 연마를 소홀히 하지 않는 한, 역사학이 이 땅의 현실에 기여할 부분은 생각보다 많습니다.

끝으로 한마디 덧붙이자면, 작금 사회 일각에서 일고 있는 사회주의로의 회귀는 시대 착오이며, 의도적이든 동기야 어떻든 반세기 이전으로 시계바늘을 돌려놓는 '역사의 후퇴'를 의미합니다. 이는 진보 아닌 정체를 가져올 것입니다. 사회주의는 역사적으로 성립 근거가 있었으며, 역사 해석에 긍정적인 영향을 끼친 것도 사실입니다.

그러나 1980년대를 휩쓴 현대사의 혁명 이후 공산주의는 이념에서나 실천에서 역사 형성력으로서의 존재 가치를 상실하고 말았지요. 이러한 엄연한 역사의 교훈을 우리 모두가 명심해야 합니다. 진정한 역사가에게는 항상 균형 있는 역사 감각과 세계사적 안목이 필요합니다.

정진홍──장석만

한림대 특임교수 정진홍은 한국 종교학 연구의 1세대 학자로 평가된다.
서울대 종교학과와 대학원을 졸업한 정진홍은 1960년대 말 미국 연합신학대 유학 중
종교학자 엘리아데를 직접 대면하고 그에 관한 연구에 몰두하면서
본격적인 종교학자의 길을 걸었다. 1982년부터 2003년까지
서울대 종교학과에 재직하며 종교를 신앙의 대상에서 문화적 차원의 담론 대상으로 이끌어냈다.
주요 저서로는 『한국종교문화의 전개』, 『종교문화의 이해』와
시집 『마당에는 때로 은빛 꽃이 핀다』 등이 있다.

한국종교문화연구소 연구위원 장석만은 서울대 종교학과와 대학원에서 석사와 박사 학위를 받았다.
「개항기 한국사회 '종교' 개념의 형성」 등의 논문과 『종교 다시 읽기』(공저) 등의 저서가 있다.

학문은
답에 대한 성찰이고,
종교는
물음에 대한 성찰이죠

장석만 선생님께서 최근에 쓰신 글에서 "인간의 삶은 홑겹이 아니라, 겹겹으로 중첩되어 있다."는 말씀이 인상적이었습니다. 그 말의 의미를 좀 더 구체적으로 말씀하시는 것으로 이야기를 시작했으면 합니다.

정진홍 사실과 의미란 언제나 일치하는 것이 아닌데, 우리는 사실에 매몰되어 의미를 잃든가 일상성 속에 함몰된 채 비일상적인 어떤 것을 잊곤 하죠. 예를 들어 종교는 비일상적인 주장으로 구체화된 문화입니다. 그러나 그것은 삶을 투과하는 깊은 차원에서 의미를 담고 있죠. 보통 우리는 일상을 평면적으로 살아갑니다.

그러다가 덜커덩 일상이 흔들리는 때가 있습니다. 이런 상황에 부딪히면 여태껏 살면서 한 번도 의문을 갖지 않았던 것들에 낯선 질문을 던지게 됩니다. 거기에 대한 답변이 곧 신비에의 어떤 낌새, 다시 말하면 결코 홑겹이 아니었구나 하는 터득이죠.

장석만 선생님께서는 상상력에 대해 많은 중요성을 부여하고 계십니다. 종교와 공부의 영역에서도 그러합니다. 그런데 종교를 가진 사람들은 흔히 허구적인 것을 떠올려서인지 상상력과 종교를 연결시키는 것에 대해서 흔쾌히 받아들이지 않는 것 같습니다.

정진홍 우리는 신앙과 이성, 감성 등으로 삶을 재단하고 각기 절대적인 실재인 양 다루고 있습니다. 그러다 보니 신앙은 맹신으로, 학문은 독선으로, 감성은 도취로 치닫고 있습니다. 따라서 이제는 그러한 서술 범주에 대해 다시 물어야 하고, 그러한 분류 개념을 재성찰해야 합니다. 나는 상상력이 기계적으로 경화(硬化)된 문화에 대한 새로운 인식 지평과 서술 범주를 마련할 수 있다고 믿습니다. 그럴 때 삶은 훨씬 열린 호흡을 할 수 있게 될 것입니다.

장석만 말씀하신 경화된 문화에 대해 특히 종교인들은 쉽게 이해하지 못할 것 같습니다. 진리라는 것이 고정 불변하고 영원한 것이라면, 불변이라는 의미에서 경화는 당연한 것이 아닌가요?

정진홍 진리는 사물이 아닙니다. 하나다 둘이다 하고 셀 수 있는 것도 아니고요. 진리는 시공간을 초월한 절대적이고·불변하는 것이라기보다 오히려 모든 삶의 자리에서 창조적으로 삶을 살아갈 수 있게 하는 '살아 있는 것'이라고 말하고 싶습니다. 그런데 종교에서는 마치 진리를 사물처럼 전제된 것, 도달해야 할 것, 소유해야 할 것 등으로 말합니다. 때로 학문의 태도도 그러합니다. 그러나 비현실적인 진리는 이미 죽은 진리입니다.

장석만 선생님의 종교학에서는 종교 연구를 할 때 전통별로 연구하지 말자고 하십니다. 기독교와 불교, 유교, 이슬람교 등의 종교 전통에 따라 종교를 연구할 경우, 한계가 생길 수밖에 없다는 주장을 하고 계시지요. "종교 전통에 따른 연구에서 벗어나자."라는 말은 선생님께 어떤 의미를 지니고 있는지요?

정진홍 물론 전통별 종교 연구는 필수적이고 중요합니다. 가장 구체적인 역사 현상이니까요. 하지만 그러한 연구에 따른 그늘도 유념해야 합니다. 노력을 많이 하는데도 고전적인 종교별 연구는 특정 종교의 자기 주장의 논리를 진술하는 것으로 일관해 잠재된 갈등을 증폭시킬 뿐 아니라 주로 사상사나 교리사 위주로 기술되어 종교 문화를 총체적으로 제시하지 못하고 있습니다.

예를 들어 이제는 무엇이 기독교인가, 불교인가를 묻기보다 왜 인간은 종교적이 되고 하필이면 불교인이고 기독교인이 되는가 하는 것을 읽을 수 있어야 합니다. 종교도 역사 현상이고 문화 현상이라는 인식을 기초로 하지 않고는 현대의 종교 문화가 보여 주는 고전적인 종교 개념의 몰락과 더불어 새로운 '구원에의 희구'라는 문화 현상을 알 수가 없습니다.

장석만 종교학을 연구한다면 '믿는 신앙이 무엇이냐', '신앙과 학문이 갈등을 일으키지 않느냐'는 질문을 자주 받습니다. 선생님께서는 어려서부터 독실한 개신교 신앙을 유지하고 계십니다. 선생님의 신앙과 종교학이라는 학문은 어떤 관련이 있는지요?

신앙과 학문은 어떤 관련이 있나요?
신앙은 학문을, 학문은 신앙을 더 확장 심화시키지요.

정진홍 학문의 배후에는 학문을 학문이도록 하는 비학문적 실존적 모티브가 있습니다. 신앙의 배후에는 신앙을 신앙이도록 만드는 비신앙적인 인간적 고뇌가 있죠. 종교학과 기독교는 그러한 내 모티브와 고뇌가 선택한 내 삶입니다. 결과적으로 학문은 '해답에 대한 성찰'이어야 하고, 종교는 '물음에 대한 성찰'이어야 합니다. 둘 사이에 갈등은 없습니다. 오히려 신앙은 학문을, 학문은 신앙을 더 확장하고 심화시킨다고 생각합니다. 종교학은 내게 '지적 정직성은 종교적 봉헌 속에서 있어야 한다.'는 것을 가르쳐 주었습니다.

장석만 종교학자로서 선생님은 평생 엘리아데라는 학자에게 애정을 기울여 오셨습니다. 선생님에게 엘리아데는 어떤 의미를 지니고 있습니까?

정진홍 저는 어려서부터 신학을 하고 싶었어요. 그러다가 신학자들을 만나면서 실망을 많이 하게 되었죠. 젊었을 때 고등학교 성경 교사를 했는데, 학생들에게 같은 이야기를 기독교 용어로 이야기하면 지루해하다가도 사람들의 살아가는 이야기로 풀어 주면 눈동자에 생기가 도는 것을 느낄 수 있었습니다. 신학 언어가 '사투리' 라는 사실을 발견하고 번민할 즈음 만난 사람이 엘리아데였습니다. 아직도 엘리아데의 『종교 형태론』을 처음 읽었을 때의 놀라움은 잊을 수가 없습니다.

인류의 종교사를 기술할 때 전통 종교들의 역사적 전개를 서술하지 않고도 가능하다는 것은 일종의 '개안(開眼)'이었습니다. 새로운 서술 범주의 발견, 새로운 개념의 창출보다 더 의미 있는 학문적 업적이 어디 있겠습니까? 저는 이를 통해 종교와 세계, 문화와 인간을 재조명할 수 있었습니다. 결과적으로 신학을 하고 싶었던 자리에서 종교학을 하도록 한 사람이 바로 엘리아데입니다. 삶을 감사하게 만들어 준 이런 첫사랑과도 같은 고마움 때문에 지금 엘리아데에게 쏟아지는 많은 문제 제기와 비판에도 엘리아데는 저에게 여전히 잊혀지지 않는 '스승' 으로 남아 있습니다.

장석만 지금 엘리아데에게 많은 비판이 제기되고 있다고 말씀하셨는데, 어떤 내용인지요?

정진홍 주로 엘리아데가 역사주의를 강하게 비판했다는 관점에서 비롯되고 있습니다. 엘리아데는 헤겔로 대표되는 역사주의를 강대국의 역사를 정당화하는 이데올로기라고 주장합니다. 이런 강대국의 논리를 약소국 루마니아 출신의 엘리아데는 도저히 받아들일 수가 없었던 거죠. '역사의 법칙', '역사 창조', '역사 창조의 주체', '역사의 심판', '옳은 역사, 그른 역사' 라는 개념들이 가지는 폭력적인 '그늘' 을 충분히 성찰하지 않고는 엘리아데의 주장을 그렇게 가볍게 비난할 수 없을 듯합니다. 역사주의라는 기존의 틀에 사로잡힌 채, 역사주의를 비판하는 엘리아데를 부정적으로 보는 것은 공정하다고 볼 수 없습니다.

뿐만 아니라 그의 영원 회귀나 원형에 대한 평가도 대부분 잘못된 이해에 바탕을 두고 있습니다. 흔히 '결승점 없는 트랙' 을 영원히 도는 것으로 영원 회귀를 이해하곤 합니다. 하지만 영원 회귀는 '끝은 시작' 이라는 연계 속에서 이루어지는 것입니다. 끝과 시작은 분명히 있고, 끝은 또 다른 시작으로 이어진다는 것이죠. 천지 개벽이 반복적으로 이루어진다는 것입니다. 역사 창조의 주체 의식

을 약화시킨다는 주장 아래 엘리아데를 비난하는 것은 역사주의라
는 지배 이데올로기를 당연하게 여길 때만 가능한 일입니다.

또한 그가 파시즘과 관련되었다는 비난도 루마니아의 지정학적 입
장에서 절박한 당위로 전제되던 1930년대의 루마니아 민족주의와
연계하지 않고는 쉽게 단정할 수 없는 측면이 있습니다. 그는 분명
히 국수주의적인 저널에 몇 편의 글을 기고했고 리스본의 루마니
아 대사관에서 근무한 적이 있습니다.

그러나 그가 지속적으로 반유대주의자로 살아왔다고 볼 수는 없습
니다. 그가 종교사에서 유대교의 아브라함의 존재를 '종교사적 사
건'으로 규정하고 그 창조성을 기술한 것을 보면 그에 대한 비난은
서구에서 '아우슈비츠 이후'의 지성이 낳은 '과장이나 왜곡'이 없
지 않아 있다고 여겨집니다.

장석만 현재 한국의 종교 현실에 대해 학계의 자세나 사회의 일반적 태도
에 대해서는 어떻게 보십니까?

정진홍 우리 학계나 사회는 경험을 표출하고 기술하는 데 정직하지 못합
니다. 전통 종교의 끈질긴 지속, 지배 종교의 교체에 대한 역사적
기억, 전체 인구의 절반 이상이 스스로 종교인이라는 자의식 현상,
그리고 현존하는 다종교 상황 등을 몸으로 겪으면서도 종교들은
여전히 배타적 자기 절대화 속에서 타자의 현존을 부정하고 있습

니다. 종교계나 학계의 이러한 자기 기만적 태도는 종교 문화 전체를 '병든 문화'로 만들고 있습니다. 종교학은 종교 문화에 대한 문화 비평적 기능을 수행해야 합니다. 그것은 종교를 해체하려는 것도 아니고 특정 종교를 고양하려는 것도 아닙니다.

종교사의 변화를 읽지 못해 많은 오해를 받습니다.
정치도 종교화, 맹목적인 광기로 선악을 판단하죠.

장석만 최근 선생님께서 종교사의 흐름을 '종교의 시대', '종교들의 시대', '종교적인 것의 시대'로 구분하신 것을 읽었습니다. 종교에 대한 오해의 많은 부분이 이런 변화를 읽지 못했기 때문이라고 말씀하셨는데, 좀 더 설명을 해 주시지요.

정진홍 단일한 '종교'만을 인식하던 관점에서 '종교들'이 공존하는 다종교 현상을 기술하고 판단한다면, 이미 그 자체가 오류입니다. 그것이 바로 종교들의 배타적 독선이며, 여기서 오늘날 종교가 원인을 제공하거나 정당화하는 살육을 초래하는 것입니다. 이제 우리는 '종교들'을 이야기하는 새로운 언어로 '종교'를 말해야 합니다. 그런데 오히려 고전적인 종교 개념이 무색할 만큼 '종교적'인 현상이 등장하고 있습니다. '정치의 종교화'도 그 중 하나입니다. 요즘 선과 악, 정의와 불의 등을 판단하는 정치 언어는 옛날의 종교 언어와 조금도 다르지 않습니다. 수호해야 할 진리와 척결해야 할 비진리가 선명하게 드러납니다. 실제로 돈독한 신앙이란 맹목적인 광기와 실은 표리(表裏)를 이루고 있습니다. 오늘 우리는 광기 가득한 근본주의의 숲 속에 있는지도 모릅니다. 이제 서술 범주의 새로운 구축, 물음 틀의 새로운 구성이 이뤄져야 합니다. 종교와 종교들, 종교적인 것들의 구분은 이를 위한 지렛대가 될 수 있다고 믿습니다.

장석만 선생님께서는 학자일 뿐만 아니라, 시집을 출간한 시인이시기도 합니다. 문학이라는 것이 선생님께 특별한 의미를 지니고 있다고 생각합니다. 학문과 문학에 동시에 관심을 기울이게 된 까닭은 무엇인지요?

정진홍 절대로 시인은 아닙니다. 그러나 학문하면서 내내 나를 괴롭힌 것은 '인식과 상상'의 긴장입니다. 경험은 개념과 논리에 다 담기지 않습니다. 언어는 '존재의 집'이라고 하지만 존재는 새 언어를 빚습니다. 새 언어를 낳지 못하는 학문은 동어 반복에 불과합니다. 앞에서도 말했지만 그것은 인식의 지평을 확장하기보다 신념의 강화에 머뭅니다. 그것은 학문에 대한 배신입니다. 이를 극복하기 위해서는 인지적 주장과 시적 상상력이 손을 잡을 수 있어야 한다고 생각합니다. '감성적 지성'이나 '지성적 감성'은 불가능한 개념일는지요. 문학에 대한 관심은 이러한 제 고뇌의 한 면일 뿐입니다.

장석만 선생님께서 지속적으로 관심을 기울이는 주제 가운데 하나가 바로 죽음의 문제라고 알고 있습니다. 그리고 근래에는 노인의 문제가 한국 사회에서 지니는 심각성에 대해서 여러 번 언급하셨습니다. 죽음에 가까이 가 있는 노인의 문제에 대해 우리는 어떻게 생각해야 할까요?

정진홍 저는 고등학교에 다닐 때 무척 죽고 싶었습니다. 오래 살면 추해질 것 같아서요. 지금은 죽을 때가 되니까 자연히 죽음을 진지하게 생각하게 됩니다. 어떻게 해서든 곱게 착하게 깨끗하게 죽을 수 있었으면 하는 생각을 합니다. 그런데 그렇게 죽기가 쉽지 않습니다. 주검이 치워야 할 쓰레기로 여겨지고, 주검의 처리 방법이 경제 원리로 선택되어야 한다고 주장하는 문화는 죽음을 아예 간과하려고 합니다. 죽음 때문에 생겼다고 하는 고전적인 종교들조차 이제는 생명의 윤리는 이야기해도 죽음의 윤리는 말하지 않습니다. 죽음관의 부재, 그것은 죽음 문화의 타락이죠. 그런데 그것은 곧 생명 문화의 타락이기도 합니다. 그 둘은 단절된 것이 아니니까요. 실제적인 많은 문제들이 산적해 있습니다. 모든 분야에서 각기 진지한 관심을 가지고 있으니까 더 나은 죽음 문화가 자리잡을 것이라고 생각됩니다만, 모두 삶을 준비하듯 죽음도 준비해야 합니다.

인문학 지망하는 학생들이 계속 줄어들고 있어요.

계산만 하고 사는 삶은 이미 젊음은 아니죠.

장석만 인문학을 지망하는 학생이 점점 줄어들고 있다는 걱정의 소리가 들리고 있습니다. 종교학에 관심 있는 학생과 인문학에 뜻을 두고 있는 학생에게 하시고 싶은 말씀이 있다면 무엇인가요?

정진홍 저는 인문학을 '기본적 학문'이라고 하는 것에 반대합니다. '기본', '기초'라고 하면 왠지 초반 일정 기간만 배우고는 '졸업'할 대상처럼 보이기 때문입니다. 대신 일상적이고 현실적인 문제에 관심을 기울이면서 근원적인 것을 천착하는 '일상적인 학문'으로 인문학이 바뀌어야 한다고 봅니다. 인문학에 관심이 있는 학생들에게는, 젊음을 정직하고 성실하게 살고 싶은 대로 살라고 권하고 싶습니다. 삶은 의외로 높고 깊고 넓습니다. 아무리 부지런하게 살아도 모자랍니다. 약삭빠르게 계산하고 재는 삶은 이미 젊음이 아닙니다.

장석만 선생님께서 지금 하시는 작업은 무엇이며, 앞으로 하시고 싶은 것이 있다면 어떤 것인지요?

정진홍 도서출판 '산처럼'에서 기획한 '사유의 열쇠, 종교'편을 집필하고 있습니다. 그런데 잘 써지질 않는군요. 초조하기만 할 뿐 잘되지 않습니다. 한림대 과학원에서 시행하고 있는 '신뢰 연구' 중에서 '종교와 신뢰' 문제도 연구를 착수했습니다. 그러나 제게 가장 중요한 것은 어떻게 하면 한국 종교학의 심장인 한국 종교 문화 연구소가 더 활발하게 연구를 수행하도록 하는가 하는 일입니다. 재정적인 문제에서 인력의 활용에 이르기까지 어려운 문제가 쌓여 있습니다. 그러나 제가 하는 일도, 할 수 있는 일도 아닙니다. 앞으로 유능한 젊은 학자들이 충분히 의미 있는 결실을 거두리라 생각합니다.

한영우 —— 전호태

한림대 특임교수 한영우는 국사학계의 4·19세대를 대표하는 학자 중 한 명이다. 서울대에서 학사와 석사, 박사 학위를 받았고, 서울대 국사학과에 37년 동안 재직하며 규장각 관장, 인문대 학장을 역임했다. 조선 전기 사회 사상, 조선 시대와 근대의 사학사에 관한 많은 저서가 있으며 한국사 개설서로 『다시 찾는 우리 역사』를 펴냈다. 최근에는 조선 시대 고(古)지도와 왕실 문화를 기록한 '의궤(儀軌)'를 집중적으로 연구하고 있다.

울산대 역사문화학과 교수 전호태는 1979년 서울대 국사학과에 입학하면서 한영우와 사제의 인연을 맺었다. 고구려 고분 벽화에 관한 논문으로 박사 학위를 받은 후 국립중앙박물관 학예관을 거쳐 울산대에 재직하고 있다. 『고구려 고분 벽화 연구』, 『벽화여, 고구려를 말하라』 등의 저서가 있다.

어릴 때부터
자기 역사에
자부심을 갖게 해야죠

전호태 1960년대에는 유럽이 근대로 나아갔듯이 조선도 근대를 향해 나아
갔다는 것을 확인하려는 이른바 '우리 역사에서 근대로의 맹아 찾
기'가 국사학계에서 큰 줄기를 형성한 것으로 알고 있습니다. 선생
님께서는 조선 후기 실학에 관심을 보이시다가 조선 초기의 인물
인 정도전 연구로 연구 시기와 방향을 바꾸셨지요.

한영우 저로서는 자연스러운 변화였습니다. 5·16 쿠데타 이후, 박정희 정
권은 주체적 민족주의를 내세우면서 '민주'라는 개념을 불온하게
보려는 경향을 나타냈습니다. 그러나 저는 우리 역사에서 민족과
민주는 유기적으로 연결되어 있으며, 그 전통은 적어도 조선 초기
에 정도전이 적극적으로 제창한 민본 사상(民本思想)과 주체적인
성리학 해석으로 거슬러 올라갈 수 있다고 보았어요. 그런 생각은
정도전에 대한 연구가 심화되면서 더욱 분명해졌습니다. 조선은

정치·사회적 도덕성을 매우 중시하던 사람들이 이끌어가던, 전근대 사회에서는 보기 드문 민본주의 국가였어요.

전호태 조선 시대를 너무 미화하는 것 아닌가요? 일부에서는 국사학자들이 지나치게 민족주의적이어서 역사적 사실과 거리가 먼 주장을 하는 경향이 있다고 보기도 합니다. 최근에는 민족주의적 태도에서 벗어날 것을 요구하는 '탈민족주의론'도 제기되고 있습니다.

> '탈민족주의론'도 제기되고 있습니다.
>
> 오히려 세계화, 세계주의를 주의해야 해요.

한영우 학계 일각에서 민족주의의 지나친 대두와 이로 말미암은 부작용을 우려하면서 '민족 해체'까지 주장한다는 것을 저도 잘 알고 있습니다. 그러나 그렇다고 해서 '국어'와 '국사'의 존재 가치와 의미, 이에 대한 연구의 필요성까지 부정할 필요가 있을까요? '국사'라는 용어를 쓰는 것이 그렇게 국수적인가요? 오랜 시간을 두고 지역과 혈연, 문화가 어우러지면서 형성된 '민족'이라는 실체를 굳이 부정하려는 이유를 저는 이해할 수가 없습니다.

극단적인 주장을 일삼으며 이웃 나라나 민족과의 긴장과 갈등을 유발하는 국수적 민족주의는 배척되어야 하지만, 민족이라는 엄연한 실체에 바탕을 둔 건전하고 개방적인 민족주의까지 해체와 극복의 대상으로 삼는 것은 곤란한 일입니다. 오히려 알게 모르게 우리의 현실 감각을 무디게 만들고 주의력을 흐트러뜨리는 세계화, 세계주의에 주의할 필요가 있는 것 같습니다. 강대국 중심의 세계화 정책이 우리의 생존과 충돌할 소지가 있기 때문입니다.

전호태 그렇지만 세계화는 실제 우리가 겪고 있는 현실이기도 합니다. 맥도날드 햄버거를 먹고 컴퓨터 게임에 몰두하는 현대 한국의 젊은 이들에게 조선 시대의 민본주의 전통, 여기에 바탕을 둔 국사 속의 민족주의적 흐름을 논하는 것이 낯설고 공허하게 비칠 가능성이 높지 않을까요?

한영우 그럴수록 새로운 세대에게 적극적인 국사 교육이 필요합니다. 선진국들의 예를 보면, 초등학교 고학년 단계에서 이미 자국 역사에 자부심을 느낄 수 있게 하는 역사 자료를 읽고 토론하게 할 정도인데, 우리는 그렇지 못해요. 조선 시대는 건국 초기에 이미 민본주의적 전통을 수립하고, 영·정조 때에는 여기서 한 걸음 더 나아가 그때까지 소민(小民)으로 불리던 일반 백성을 주체로 여기는 '민국(民國)'이라는 논의까지 나왔습니다.

그런데도 우리는 조선을 양반이라는 세습적 특권 계급이 대대손손 지배하는 바람에 사회 발전이 더뎠던 봉건 국가 정도로 알아요. 조선 시대 말기에 양반 사회는 이미 소민의 사회로 바뀌고 있었습니다. 3·1 운동 뒤 중국 상하이에 세워진 임시정부가 국호를 '대한제국'이 아니라 '대한민국'이라고 한 것도 영·정조 시대에 논의되었던 '민국'이라는 개념을 현실 역사화한 측면이 큽니다.

고구려사 왜곡에는 어떻게 대응해야 하나요?
명백한 우리 역사 학술 번역 사업에 힘써야 해요.

전호태 한국 사회가 새로운 세대에게 질적, 양적으로 의미 있는 국사 교육 기회를 제공하고 있는지는 진지하게 평가해 볼 필요가 있는 것 같습니다. 최근 커다란 문제가 된 중국의 고구려사 왜곡과 이에 대한 한국의 대응 과정도 이와 관련해 살펴봐야 합니다.

한영우 중국의 '동북 공정'이 빚어낸 한·중 간의 역사 갈등은 결자해지 (結者解之) 차원에서 중국이 잘못을 인정하고 고구려사의 중국사 편입 시도를 사과하고 철회해야 할 것입니다. 고구려사가 한국사의 일부라는 사실은 동아시아의 역사 전개 과정에서 명백히 드러나니까요. 하지만 우리도 이와 관련해서 일정한 반성이 있어야 합니다. 만주를 지금 수복해야 할 영토인 것처럼 바라본 우리의 국수적 민족주의가 중국을 자극한 측면도 있습니다. 이것은 바른 역사 인식, 그것을 가능하게 하는 제대로 된 역사 교육이 넓고 깊게 뿌리내리지 못했던 우리 자신의 문제에서 비롯된 면이 큽니다.

더욱 우려되는 것은 그 동안에도 충실치 못했던 국사 교육이 갈수록 약화되고 있는 현실입니다. 당연히 국사 연구와 교육을 담당할 전문가 양성과 배출도 점점 기반이 좁아지고 있습니다. 학계의 전문적인 학술 연구가 이루어져 그 내용이 해외에 널리 알려져야 할 단계인데도 그렇지 못한 것이 현실입니다. 일본과 중국이 지나치게 자신들의 입장 위주로 정리한 역사, 한국사에 대한 왜곡된 이미지와 내용을 담은 역사 연구 결과를 학술 대회와 번역 사업을 통해 세계에 널리 알리는 동안 우리는 손놓고 있는 것이나 다름없는 상황입니다.

전호태 이런 문제점을 해결하기 위해서라도 역사학자는 사회의 움직임에 좀 더 깊숙이 개입하거나 적극적으로 발언해야 하는 것 아닌가요? 선생님께서는 40년 가까이 연구의 외길을 걸어오시면서 정치·사회적 현안에 대해서도 수시로 의견을 제시하셨습니다.

한영우 사회적 발언은 필요하겠지만 역사학자가 현안에 깊이 개입해 들어가는 것은 자제해야 한다고 생각합니다. 학자의 길을 가기로 결심했다면 중심은 처음부터 끝까지 연구에 두어야겠지요. 저는 나름대로 이 원칙을 지키며 살아왔다고 생각합니다.

아무리 뛰어난 역사학자라도 현실을 정확히 판단하고 해결 방안을 찾기는 굉장히 어렵습니다. 사실 불가능에 가깝지요. 결국 어떤 입장에 서게 되고, 이해 당사자들 가운데 한쪽 집단의 손을 들어주는 결과에 이르게 되니까요. 현실과 거리를 두는 학자층이 두터울수록 그 사회는 바탕이 튼튼하고 흔들리지 않게 됩니다.

전호태 그 말씀을 들으니 선생님이 늘 강조하시는 '중용론'이 떠오릅니다. 과거사 청산 등의 문제로 현재 우리 사회가 겪고 있는 긴장과 갈등을 최소화하는 방안은 없을까요?

한영우 지나온 역사에서는 계승할 것이 있고, 극복하고 정리해야 할 것이 있습니다. 정치적으로 접근할 사안과 적절한 시기가 있고 그렇지 못한 것이 있어요. 예를 들어 일제 강점기에 '친일' 행위를 했던 사람들에 대해서는 광복 직후에 정치적 청산이 이루어졌어야 했는데, 우리는 그렇게 하지 못했습니다.

2세대 이상 지난 지금, 가능하고 의미가 있는 일은 친일 문제에 대한 학문적 접근입니다. 인적 청산의 시기는 이미 지나가 버렸거든요. 새로운 인권 문제를 유발할 수 있는 정치적 접근은 자제되어야 할 것입니다. 학문적 분석과 평가는 언제까지라도 계속될 수 있겠지요. 과거사 청산이라는 명제는 그 자체로 타당하지만, 방식과 내용은 신중히 검토되고 선택되어야 할 것입니다.

조동일 —— 김헌선

계명대 석좌교수 조동일과 경기대 국문과 교수 김헌선은 1984년 한국정신문화연구원
(현 한국학중앙연구원) 한국학 대학원에서 처음 만났다. 조동일은 계명대와 영남대 교수를 거쳐
1981년부터 한국정신문화연구원 교수로 재직 중이었고, 김헌선은 석사 과정으로 입학했다.
조동일은 1987년 서울대로 자리를 옮겼지만, 학문적 열정이 남달랐던 김헌선을
20년이 지난 지금도 '애제자(愛弟子)'로 꼽고 있다.
조동일은 『한국시가의 역사의식』, 『한국문학통사』(전5권), 『세계문학의 전개』 등을 출간하며
국문학으로부터 세계문학에 이르기까지 관심의 영역을 넓혀 왔다.
조동일로부터 구비문학과 비교문학을 배운 김헌선은 『구전민요의 세계』, 『사물놀이 이야기』,
『무속의 역사와 원리』 등의 저서를 출간하며 스승의 학문을 잇고 있다.

학문은
긴 호흡이 필요한
정신의
마라톤입니다

김헌선 우리가 사는 이 시대는 교육에 관한 온갖 병을 앓고 있는 상황입니다. 이 시대가 과연 후대에 어떻게 비쳐지게 될지 궁금합니다. 개인의 욕망과 자본주의적 가치관만이 천박하게 남는 시대일지, 아니면 인류가 새롭게 시작되는 전환점이 될지 말이죠.

조동일 우리 시대는 많은 발전이 이루어지고, 교육의 기회가 확대되고, 지식이 폭발적으로 증가하는 등 눈부신 발전을 한 시대입니다. 그런데도 자꾸 '위기다' 라고 외치는 것은 교육의 위기가 모든 방면의 위기를 가져 온 것으로 생각하기 때문입니다. 교육은 말로 이루어지는 것입니다. 하지만 말의 타당성을 증명하기 위해서는 말보다 실행이 더 큰 효과가 있습니다.

가르치는 사람이 스스로 실행해야 입으로 하는 말이 타당성을 가져서 듣는 사람이 동의할 수 있는 것이죠. 감동을 주어야 교육이 제대로 이루어집니다. 지금도 참다운 스승이 얼마든지 있지만 묻혀 지내야 하고, 조롱의 대상이 되고 핍박받기까지 하고 있습니다.

김헌선 최근 정부에서 여러 가지 교육 개혁이다 대학의 구조 조정이다 하는 문제를 들고 나와서 다시 한 번 교육계가 소용돌이에 휩싸이고 있습니다. 또한 교육인적자원부장관을 경제 관료였던 인물로 교체하면서 학문보다 경제적 가치 창출, 교육의 이익이 긴요하다고 말하고 있습니다.

한 분야의 학문이 사라지는 것은

생물의 한 종이 멸종되는 것보다 심각한 재앙이에요.

조동일 지금 하고 있는 대학의 구조 조정은 학생이 많이 모여들어 수지가 맞는 대학이나 학과는 남기고 그렇지 못한 것은 없애는 것입니다. 그야말로 교육은 경영이라는 것이죠. 교육은 산업이라고 하지만 그냥 하는 말이에요. 산업을 위해 필요한 것이라 해도 일시적인 인기와 구별해서 평가하는 절차나 방법이 전무한 형편이죠. 이 시대에 '학문 대학살'이 이루어지고 있는데, 한 분야의 학문이 사라지는 것은 생물의 한 종이 멸종되는 것보다 더욱 심각한 재앙입니다. 현재 교육인적자원부의 전략이 선택과 집중이라고 하지만 있어야 할 학문 분야 중에 없는 것이 너무 많아요. 이러한 상황에서 경영 합리화를 한들 무슨 이익이 있겠습니까? 무엇이 올바로 가는 길인가 묻지 않고 무엇이 이익이 되는가만 추구하는 쪽으로 교육이 나아가고 있어요.

김헌선 대학이 학문을 창조하려면 현실적으로 학문을 할 수 있도록 학자에게 재정적 지원을 하는 것이 소중합니다. 학문의 제도적 조건이 재정만으로 되는 것은 아니지만 창조적 학문의 연구를 위해서 이러한 문제는 어떻게 해결돼야 합니까?

조동일 황우석 교수에게 200억 원의 연구비를 주는 것도 중요하지만 인문학을 하는 학자에게 20년 간 마음대로 강의 없이도 연구할 수 있는 연구비를 지원해 주는 것도 중요해요. 인문학은 20년 동안의 세월을 투자해야 추수할 수 있거든요. 그런데 오늘날 현실에서는 1년에 모든 연구 결과가 나와야 합니다. 조그마한 연구밖에는 할 수 없는 상황이죠. 20년 간 열 명의 학자가 마음대로 연구할 수 있는 환경을 만들어 줄 수 있는, 국가적인 안목이 필요합니다. 이를 위해서 싸우는 사람이 있어야 하죠.

김헌선 선생님께서는 학문적으로 남다른 길을 걸었습니다. 불문학을 하시다 갑자기 국문학으로 바꾸시게 된 계기가 있습니까? 이러한 전환이 어떤 학문적 의의가 있는지요?

조동일 제가 공부할 당시는 불문학이 제일이었죠. 불문학을 통해서 독일 문학과 영문학까지 공부할 수 있었거든요. 4·19 이후에 불문학에서 국문학으로 바꾸었죠. 국문학 중에서도 구비 문학으로 시작했다가 고전 문학으로, 다시 한국 문학 전체로, 동아시아 문학으로, 세계 문학으로 나가면서 불문학을 배운 경력을 써먹을 수 있었어요. 이 전환은 수입에서 수출로, 독서에서 학문으로 업종을 바꾼 거라 생각해요. 독서의 즐거움을 누리기 위해서 불문학은 참 좋지만, 학문을 하면서 받아들인 것을 내 것으로 만들어 낼 때는 국문학이 더 큰 위력을 가졌습니다.

학문의 길을 택한 것이 어떤 의미가 있나요?

답을 찾아가는 문제 의식의 실천적 연속이지요.

김헌선 학자로서의 삶이 지니는 의미에 대한 질문을 드리고자 합니다. 선생님께서 대학생이던 시절은 우리 민족의 격변기였습니다. 선생님께서 사신 시대 속에서 학문의 길을 택한 것이 어떤 의미가 있는지 궁금합니다.

조동일 대학 3학년 때 4·19를 겪었습니다. 4·19를 겪은 뒤 우리 사회가 어디로 가야 하는가에 대한 답이 없다는 것을 알았죠. 그렇다면 답을 찾아야겠다, 또 그 답은 기성 세대가 우리에게 가르쳐 주는 것이 아니다, 4·19의 주역인 우리가 찾아야 한다, 이런 사실을 깨달았어요. 없는 답을 찾으려는 건 참으로 막막한 일이지만, 그 답을 찾기 위해서는 연구를 할 수밖에 없었죠. 학자로서의 삶을 택한 것은 그러한 답을 찾아가는 문제 의식의 실천적 연속이지요.

김헌선 학문을 실천해 가는 데 직면하는 어려움과 최근 학문의 불신이 조장된 근본적인 이유는 교육과 관련해서 어떠한 것인가요?

조동일 수많은 교육 제도가 답을 찾아가는 과정을 불필요하다고 말하고, 스스로 개척하는 '창조학'은 그만두고 외국에서 내놓은 답을 가져다 쓰는 '수입학'을 하라고 말들을 해요. 이것이 곧 학문의 파괴이고, 교육의 위기입니다. 이들과 싸워 물리치는 것이 참으로 힘든 일이긴 하지만, 나는 오늘날까지 그 싸움을 계속하고 있습니다.

김헌선 참다운 학문의 도달점이 창조학이라는 데 동의하지만 진정한 학문의 모습으로 자리잡기 위해서는 교육의 실제적 변혁과 내용이 중요합니다. 창조학이 경쟁력을 갖추려면 어떻게 해야 하는지요?

조동일 요즘 교육이 경쟁력이라는 말을 많이 사용합니다. 대학을 비교하는 수치가 있는데, 그 수치에는 속임수가 많아요. 대학의 서열 매기기는 미국의 잣대를 사용한 겁니다. 유럽 대학은 수치를 매기는 데 모두 빠져 있는 상황이죠. 대학 강의를 영어로 하면 경쟁력이 커진다고 흔히들 말합니다. 하지만 학문의 모국어가 영어일 수 없는 한국에서 영어로 바꾸느라 힘만 들 뿐 소득이라곤 별로 없지요. 우리 학문은 우리 말로 강의해야 제대로 할 수 있습니다. 국산품의 질을 높여야 하듯 우리 학문도 기술 도입과 같은 문제나 주문자 생산 방식의 수준에서 벗어나야 해요. 국내에서 생산한 물건을 외국 것과 비교하는 작업을 통해서만 외국어로 바꿀 필요가 있겠지요.

김헌선 선생님은 정년 퇴직하신 뒤 계명대 석좌교수로 자리를 옮기셔서 새롭게 학문을 개척하고 계십니다. 사회에 대한 문제 제기와 답을 제안하시는 끊임없는 열정은 어디에서 비롯되는 것입니까?

조동일 10여 년 전에 공개 구직 운동을 벌인 적이 있었습니다. 내가 마음 껏 연구할 수 있는 자리가 있다면, 서울대 교수직을 그만두고 어디라도 가겠다는 것이었죠. 강의 역시 내가 연구하는 내용을 마음껏 강의하겠다는 단서를 달았고요. 그런데 이를 원하는 대학이 없을 뿐만 아니라, 국법도 허용하지 않더군요. 교수의 책임 시간 수를 법으로 정해 놓았기 때문이죠.

현재 나는 만족스러운 상황이지만 후학들에게는 그러한 혜택이 돌아갈 수 있도록 노력하려고 합니다. 학문에 대한 기초 과정을 쌓은 젊은 학자를 알아볼 수 있는 깨달은 자의 눈을 가진 사람들이 더 많이 있어야 하죠.

조유전——김용민

전 국립문화재연구소장 조유전은 '한국 고고학의 산 증인'으로 불린다. 서울대 고고인류학과를
졸업한 뒤 발굴 현장 속으로 뛰어든 그는 1971년 무령왕릉 발굴을 시작으로
1977년 경주고적발굴조사단장을 맡으며 30여 년 동안 안압지와 황룡사지, 감은사지, 천마총 등
한국사 주요 유적의 발굴 조사를 주도했다. 현재 동아대 초빙교수와 문화재 위원이며,
『한국 선사고고학사』(공저), 『발굴 이야기』, 『한국사 미스터리』 등의 저서를 냈다.
대전 국립문화재연구소 실장 김용민은 서울대 고고미술사학과를 졸업하고 1993년 조유전이
국립문화재연구소 유적조사연구실장일 당시 학예관으로 들어오면서 인연을 맺었다.
부소산성과 미륵사지 등지의 조사 현장에서 지도를 받았고, 학교의 선배이자 직장 상사로서
학문과 인생에서 많은 가르침을 받아 왔다.

역사가 목적대로 되나,
반면교사가 돼야지

김용민 선생님께서는 고고학과 문화 유산 발굴에 평생을 쏟으셨습니다. 몇 년 동안 국립 민속 박물관장을 지내기도 하셨지만 대부분 국립 문화재연구소에 계셨지요. 1984년도로 기억되는데요, 학과 신년 하례식 때 삼불(三佛) 김원용 선생님께서 "국내 고고학 박사 1호가 탄생했다!"며 선생님을 자랑하셨던 기억이 납니다. 그 뒤로 발굴 현장에서도 숱하게 뵈었죠.

조유전 학교를 졸업한 뒤 워낙 발굴 현장을 보따리 장수처럼 돌아다녔어요. 참 주마등처럼 지나갔습니다. 학부를 졸업한 지 꽤 시간이 흐른 뒤에 박사 학위를 받았는데, 삼불 선생님께서 학위 심사를 하셨어요. 국내에서 제자 중에 학위를 준 첫 번째였던 거지요. 더 정진해야 하는데 부끄러울 뿐입니다.

김용민 지금은 국내 고고학도 매우 세분화됐습니다만, 선생님께선 고고학의 전 분야를 두루 섭렵하신 세대이셨던 것으로 생각됩니다. 저희가 학교 다닐 때 공부했던 선생님의 여러 논문 중에 「한반도 무문토기 문화의 전개」가 생각납니다. 우리나라 고고학의 획을 그었던 논문이었지요. 그 당시 발굴 못지않게 정력적으로 글을 쓰신 걸로 알고 있습니다.

조유전 학자로선 평생토록 자기가 원하는 논문 하나만 쓰더라도 만족할 겁니다. 당시에 우리가 배웠던 고고학의 주요 대상은 선사(先史) 고고학이었습니다. 지금이야 청동기 문화만 하더라도 아주 세분화됐고, 많은 사람들이 관심을 가지고 있습니다만, 당시에는 기원전 3세기 정도의 시각에서 크게 벗어나지 못했습니다.

하지만 후학들이 '우리나라의 청동기가 바로 여기서 생긴 것은 아닐 것'이라 여기면서 기원전 15세기까지 올려서 보고 있지요. 지금 강원도 지역의 청동기 유적도 시대가 상당히 올라가고 있는 것을 보면 좀 더 열심히 해야겠다는 생각이 듭니다. 하지만 많은 부분은 후학들의 몫이고, 설(說)이란 원래 깨지라고 있다는 것을 명심해야 합니다.

김용민 선사 고고학을 공부하셨지만 역사 시대의 유적 발굴 현장마다 계셨다고 해도 과언이 아닌데요, 처음 역사 고고학 발굴을 하시게 된 계기는 무엇입니까?

조유전 원래 고고학이란 학문은 그 주요 대상이 선사 시대입니다. 사실 역사 시대는 뒷전이지요. 하지만 학교를 졸업하고 문화재나 유적 발굴에 몸을 담고 보니 무척 시급하다는 걸 깨달았어요. "연구 대상을 역사 시대로 돌리지 않으면 큰일나겠다."고 생각했지요. 우리 역사 시대의 기록이 너무나 적어서 아무것도 알 수 없는 거나 마찬가지였거든요. 기록으로 전해지는 역사서로 『삼국사기』가 바이블처럼 자리잡고 있고 『삼국유사』와 『고려사』가 있지만, 과연 우리가 삼국 시대에 대해 얼마나 알고 있을까요?

그래서 선사 시대 연구는 상대적으로 덜 급한 것이라고 생각했습니다. 역사 시대의 유적 발굴만 가지고도 얼마든지 학위 논문을 쓸 수 있다고 생각한 거지요. 예를 들어 역사 공부하는 사람치고 황룡사에 대해서 모르는 사람이 있겠습니까? 하지만 황룡사에 대해서 무엇을 알고 있습니까? 위치가 정확히 어느 곳이고 어느 정도의 규모를 가졌는가는 발굴해야만 알 수 있는 것입니다.

김용민 제가 2학년 때 경주로 유적 답사를 갔습니다. 선생님과 이건무 선생님이 동행하셨지요. 그때 이 선생님께서는 저희들에게 "서울대라고 자만하지 말고, 이론에 치우쳐서 현장을 무시해선 안 된다."는 말씀을 하셨습니다. 그리고 선생님께서는 "당구를 하다 보면 '스리 쿠션'으로 들어가야 하는데 '파이브 쿠션'이 될 수도 있다."

는 말씀을 하셨고요. 그게 무슨 뜻이었는지 궁금합니다.

유적 발굴은 어떻게 하나요?
발굴은 곧 파괴, 개발보다 보전이 우선이죠.

조유전　내가 당구를 좋아해서 그런 말을 했던 것은 아니고요. '스리 쿠션'
이라는 것은 정식 코스지요. 하지만 어디 반드시 그 코스대로만 가
게 되겠습니까? 길을 가다 보면 목표에 빨리 도달할 수도 있고, 돌
아갈 수도 있다는 것을 비유적으로 한 말입니다. 발굴이 꼭 그렇습
니다. 우리에게 발굴 현장이라는 것보다 중요한 것은 없고, 그걸
느끼지 못하면 고고학자가 될 수 없겠지요.
　내가 항상 강조하는 말 중에 "땅속은 절대로 거짓말을 하지 않는
다."는 말이 있습니다. 유물이나 유구(遺構, 옛 구조물의 흔적.)가
어디로 도망갈 리는 없잖습니까? 사심이나 선입견을 가지고 발굴
하면 안 된다는 것입니다. 예컨대 '기록상으로 봐서 틀림없이 여기
에 우물터가 있을 것' 이라는 사고 방식을 버려야 합니다. 고고학은
기록을 가지고 하는 학문이 아니기 때문입니다. 발굴을 하면 우물
터도 나오고 살림살이도 나오는데, 어설픈 기록을 보고 찾으려다
보면 망치고 실수하기 쉽다는 말이었습니다.

김용민 지금까지 그렇게 많이 참여하셨던 발굴 조사 중에서 가장 기억에
남는 것은 무엇입니까?

조유전 역시 1971년의 공주 무령왕릉 발굴입니다. 고고학 인생에서 처음이
자 마지막으로 무덤의 주인이 누구인지 확실한 '왕릉'의 발굴이었
지요. '백제 사마왕(斯麻王)'이라 적힌 명문이 발견된 것은 그야말
로 꿈에도 잊지 못할, 가슴이 터질 것 같은 감격스런 일이었습니
다. 게다가 관 장식, 돌 짐승, 베개 같은 숱한 유물들……. 그 당시
나는 발굴단 막내로 참여했는데 너나없이 흥분했던 기억이 생생합
니다. 하지만 지금은 2~3년이 걸려도 끝나지 않을 대발굴인데, 당
시엔 11시간 만에 후닥닥 끝냈습니다.

그 일에 대해 나는 두고두고 고백 성사를 했습니다. 한편으로는 세
계에 없는 유물을 찾아냈고 아무도 손대지 않은 무덤을 발굴했다
는 기쁨도 있었던 반면, 완전히 이 세계를 떠나고 싶은 갈등도 있
었지요.

정말 다시는 이런 졸속 발굴이 있어선 안 될 것입니다. 비록 조사
원으로 참여한 사람이라 해도, 팀장의 지도가 잘못된 것이었다고
해도 궁극적으로는 다 같이 책임을 져야 합니다. 하루 품을 팔더라
도 우리는 역사적인 일을 하고 있다는 사실을 깨달아야 합니다. 유
적만큼은 함부로 덤벼서는 안 됩니다.

김용민 제가 국립중앙박물관에서 근무하던 1987년에 경복궁 서문 쪽으로
밤 10시쯤 퇴근하다 보면 당시 국립문화재연구소 건물 5층에 있던
유적조사실은 늘 불이 켜져 있었습니다.

조유전 그 당시에 국립문화재연구소 유적조사실이야말로 우리나라 고고
학을 아우를 수 있는 곳이었습니다. 하지만 인력이 없어 결국 몸으
로 때울 수밖에 없었지요. 밤늦게까지 정리하고 보수하고 준비하
다 보면 그런 일은 다반사였습니다.

아마 지금 그렇게 한다면 후학들은 모두 도망갈 겁니다. 사실 군대
로 친다면 우리 국립문화재연구소는 일선의 야전군이고 박물관은
후방의 지원부대 격이지요. 연구소에서 발굴 현장을 누비면서 정
확히 조사하고 발굴하면, 박물관에서 그것을 연구해서 다시 업그
레이드하고 사회 교육적인 차원에서 모든 국민들에게 서비스를 하
는 것입니다.

김용민 현재 전국에 발굴 조사 기관이 난립하고, 전체적으로 통일되지 않
은 문제에 대해선 어떻게 생각하십니까? 어떻게든 국가가 공적으
로 관여하고 유기적으로 연결하는 '매장문화재센터' 가 만들어져야
할 텐데요?

조유전 우선, 최근에 매장 문화 관련 공청회에서 나온 얘기들처럼 대학 나
와 3D 업종을 무릅쓰고 현장에서 발굴하는 사람들을 매도해서는

안 됩니다. 그런 현실적인 제도적 문제점들을 해결하려면, 각 시 · 군별로 발굴 조사를 담당할 수 있는 문화재연구실을 만들어서 문화재청 · 국립문화재연구소와 연결해야 해요. 그럼 하루 아침에 해결할 수 있는 문제입니다.

그런데 이게 불가능하다면 현실적으로 접근할 수 있는 건 매장문화재센터를 만드는 겁니다. 또 박물관과 연구소의 전문가 집단이 유기적으로 연결해서 난립된 체제를 아우를 수 있게 하는 것입니다. 이런 매장문화재센터를 만든 뒤 각 지역에 지부를 두는 겁니다. 현재의 여러 발굴 관련 법인들을 흡수하는 거지요. 발굴을 허가하는 문화재청과 독립 특수법인인 매장문화재센터, 그리고 실제 발굴 관련 기관들이 유기적으로 삼위일체가 되는 것입니다. 그러면 '이 지역은 다른 데서 못 들어간다.'는 사고도 지양할 수 있게 될 것입니다.

김용민 최근 선생님께서 『발굴 이야기』, 『한국사 미스터리』 같은 책을 내셨는데 지금까지 전문 분야의 영역으로 생각되던 고고학 분야의 이야기들을 일반인들도 알기 쉽게 풀어 쓰셔서 많은 호응을 얻었습니다. 이 책들을 쓰시게 된 동기는 무엇입니까?

조유전 원래 평생을 '연구소 맨'으로 살려고 노력했습니다. 무슨 기관장이 된다는 생각은 추호도 없었지요. 1994년에 느닷없이 국립민속박물관장직을 맡게 됐습니다. 그렇게 4년을 있었는데, 1996년이 되니 "광복 이후 최초의 유적발굴인 1946년의 경주 호우총 발굴이 반세기가 됐구나." 새삼 깨닫게 됐습니다.

그러면서 내 발굴 인생이 끝날지도 모른다는 생각을 하게 된 거죠. 그래서 뭔가 나름대로 정리해야겠다는 생각에 저 개인의 입장에서 바라본 우리나라 50대 발굴의 어려움을 써야겠다고 결심했습니다. 이런 걸 다음에 후학들에게 맡기면 그 위에 접목해서 나아갈 수 있으니까요.

유적 발굴은 곧 유적 파괴예요.

땅속에 두면 다 보존되는 거지요.

'유적 발굴은 곧 파괴'라는 게 중요합니다. 따라서 발굴이라면 학술적인 의미에서의 발굴 역시 '유적 파괴'인 것이죠. 우리가 유적 파괴를 최소화해야 한다는 것이 평생을 발굴에 종사한 입장에서 얻어 낸 결론입니다. 지금은 어떻습니까? '개발'이라는 미명 아래 떠밀리듯 발굴을 합니다.

우리 국민들이 착각하는 게 있어요. 문화재보호법의 근본 취지를 모르고 있습니다. 그 법의 취지는 '개발을 용납하지 않는 것'입니다. 그런데 오히려 매장 문화재 발굴을 통해 개발을 풀어 주기 위한 '면죄부'인 것처럼 오해하고 있습니다. '부득이한 경우 발굴할 수 있는 것'인데 주객이 전도된 것입니다.

실제로 사전에 건설 계획부터 입안해 발굴은 통과의례처럼 돼 버립니다. 매장 문화재 정책은 뒷전으로 밀리는 것이지요. 사실 땅속에 두면 다 보존되는 것인데, 개발 때문에 파괴될 것을 우려해 학술적으로 접근하고 문화적으로 보존하려는 것일 뿐이지요.

그런데 문화재 발굴을 이유로 개발을 방해하는 것처럼 잘못 생각하고 있어요. 구제 발굴(개발로 인해 파괴를 피할 수 없는 곳에 대한 긴급한 발굴)은 위험합니다. 아파트 짓고 길 내서 신나고 좋은 것 같지만, 우리 조상이 남겼던 문화 유산을 깡그리 깔아뭉갠다는 사실은 무척 중요합니다.

결국 발굴해서 기록을 남길 뿐 개발하게 해 주는데도 "돈이 든다", "시간이 든다", "왜 막냐"고들 하는데, "우리가 개발 때문에 죄를 짓고 있으니까 충분한 학술적 자료를 확보한 뒤에 그나마 면죄부를 받아야 한다."는 의식의 전환이 절실합니다. 궁극적으로는 우리 매장 문화 유산을 다 없애버린다면 반드시 후회할 날이 올 것입니다. 개발은 천천히 해도 될 일인데 이것을 밀어붙이다 보니 파괴되는 것이지요.

도대체 땅을 왜 파야 하는 걸까요?

없는 기록 대신할 역사를 품고 있어요.

김용민 도대체 땅은 왜 파는 것일까요?

조유전 "불국사 다보탑 다 남아 있는데 굳이 왜 땅속을 파느냐?"고 물어보는 사람도 있어요. 앞서도 말했지만, 우리가 기록을 소상히 남겼다면 아무 걱정이 없겠지요. 경주에 가서 천마총을 본다고 생각해 봅시다. 그건 분명히 5세기 신라의 어느 왕 무덤이에요. 그런데 왜 '천마총'이라고 합니까? 어느 왕인지 몰라서입니다. 반대로 그 무덤에 대한 기록이 소상히 남아 있다면 발굴할 필요가 없겠지요. 그러나 땅속에 있는 것을 다 파낸다는 것은 불가능합니다. 계속 남겨 줘야 후학들이 그것을 가지고 실제 과거의 역사를 캐낼 수 있을 텐데, 일단 개발이다 해서 전기톱·불도저·굴삭기를 들이대면 순식간에 없어집니다. 대단위 아파트 단지 같은 걸 조성할 땐 엄청난 유적이 흔적조차 남기지 않고 사라지기도 해요. 이건 우리 조상들이 남긴 과거를 그대로 없애 버리는, 그야말로 죄를 짓고 있는 겁니다. 그나마 조사하지 않는다면, 우리의 과거사는 그대로 암흑처럼 남을 겁니다.

김용민 그렇다면 문화재는 왜 중요하다고 생각하십니까?

조유전 우리 민족의 뿌리와 정체성이 집약돼 있는 것이기 때문입니다. 우리가 오늘날 산다는 것은 단지 찰나에 불과합니다. 이미 이 이야기를 해도 금세 과거가 되기 때문에 '현재'라는 것은 계속 지나가고 있는 것이므로, 사실 없는 것이나 다름없습니다. 거시적으로 보아 정신적인 뿌리가 거기에 다 있기 때문에 우리의 문화 유산을 가꾸고 찾고 보호해야 합니다. 우리 역사가 없으면, 그리고 우리 언어가 없으면 우리는 더 이상 우리 민족이 아닙니다. 앞으로도 계속 살아가야 할 것이 아닙니까? 우리 조상들이 지금 이 순간까지 오게 한 것, 모든 삶의 뿌리가 다 문화재에 포함되어 있습니다. 이게 골치 아프다고 그냥 밀어버리고 아파트를 올려서야 되겠습니까? 그렇다면 '우리'라는 개념은 도대체 무엇입니까? 세계화 시대에 지구는 하나라고 해서 태극기를 내릴 수 있습니까?

"고구려가 우리 역사"라는 말을 가능하게 해 주는 것은 바로 실체의 유적과 유산입니다. 그렇지 않고 책에서만 떠든다면 단지 상상의 역사에 불과할 것입니다. 왜 수십만 년 전의 구석기 유적을 찾고 캐내야 하는 것인지도 그런 이유에서 입니다. 이 땅의 뿌리란 그렇게 장구한 세월 동안 면면히 이어져 온 것임을 인식해야 합니다. 물론 "태극기를 내리자."는 사람도 있고, "국사를 해체하자."는 사람도 있습니다. 만일 세계의 모든 국가가 하나로 된다면 그런 말도 별 문제가 없겠지만, 설령 그렇다 하더라도 해당 지역에 사는 사람들은 '내 지역의 뿌리'를 챙겨야 할 것이 아니겠습니까?

김용민 고고학의 매력은 무엇일까요? 요즘엔 발굴하기도 힘들고 기피하는 경향마저 있는데요.

조유전 삼불 선생님 때만 하더라도 우리나라의 청동기 시대는 중국의 전국시대에 해당하는 기원전 3~4세기에 잠깐 북한 지역에 있었던 것으로 봤습니다. 지금 세계가 인정하는 과학적 데이터로 접근하니까 기원전 15세기까지 올라갈 수 있는 것입니다. 결국 뿌리를 찾는 자료는 다 땅속에 있는 셈이죠. 그런 매력이 있는 학문이기 때문에 삼복 더위에서도 주저앉아 땅을 팔 수 있는 것입니다. 사실 옛날 같으면 상상도 못할 수준으로 우대하고 있는 셈이지요.

우리나라의 문화는 어땠나요?

역사적으로 단절된 순간이 없었지요.

김용민 그렇게 많은 문화재와 가까이 해 오셨는데, 선생님이 보시기에 우리나라의 문화는 어땠다고 생각하시는지요?

조유전 우리가 살고 있는 이 땅은 그야말로 천혜의 복을 받은 땅입니다. 무슨 말인가 하면 역사적으로 단절된 순간이 없었다는 것이지요.

구석기 시대부터 지금까지 우리 조상이 남긴 문화가 면면히 이어져 오고 있지 않습니까? 물론 옛날에 일본 사람들이야 "한국사를 거꾸로 올라가 보니 구석기도 청동기도 없는 공백"이라는 식으로 왜곡했지만, 이 땅속에는 지금까지의 역사가 모두 남아 있는 겁니다. 고고학자가 없다면 그것을 어떻게 알았겠습니까? 일본만 하더라도 구석기 시대를 날조하다가 들통났지만, 우리는 그런 게 다 있단 말입니다. 살기가 좋지 않았다면, 불모지가 됐다면 그런 게 남아 있지 않았을 게 아닙니까?

김용민 오늘을 살고 있는 우리는 미래의 후손들에게 무엇을 남겨야 하겠습니까?

조유전 '이것은 반드시 남겨야 한다.'는 어떤 목적을 가지고 남길 수는 없습니다. 역사란 흐름대로만 가는 것이 아니기 때문입니다. 돌이켜 보고 어떻게 나아가야 한다는 반면교사가 될 수 있도록 하는 게 역사학자들의 몫이지요.

고고학의 맥을 이어가다 보니, 내 생각엔 우리 역사가 앞으로 영원히 지속될 것 같습니다. 어떤 풍파를 겪는다 해도 이어질 것입니다. 역사란 그렇게 쉽게 사라지는 게 아닙니다. 단절 없이 땅속에서 이어진 것을 보면 하루아침에 크게 변화하거나 '우리'라는 개념이 없어질 수는 없습니다. 아무리 강대국들 사이에 끼여 있었어도,

땅속에 슬기로운 자취를 남긴 사람이 존재했기 때문에 이어질 수 있었던 거죠. 위정자들이 역사를 제대로 알고 헤처나가야 할 것입니다.

김용민 최근 헌법재판소가 위헌 판결을 내린 천도(遷都) 문제에 대해선 어떻게 생각하십니까?

조유전 나는 이 말만은 꼭 하고 싶어요. 서울을 흔히 정도(定都) 600년이라고 합니다. 하지만 기원전 18년 온조왕이 나라를 세운 이후 서기 475년까지 500년이나 이어진 한성 백제의 역사는 어디로 갔단 말입니까? 그것을 되찾아 조선 시대의 수도와 접목해야 합니다. 그렇다면 세계에서 이렇게 오랜 시간 동안 수도를 가진 나라가 우리밖에는 없다는 사실을 알게 될 것입니다.

하지만 지금은 서울에 사는 사람들조차도 그 앞선 역사를 잊어버리고 있습니다. 풍납토성만 해도 하마터면 그냥 묻혀 버릴 뻔하지 않았습니까? 결국은 그 유적이 오랫동안 불신돼 오던 『삼국사기』의 초기 기록들을 사실로 입증하는 결과를 낳았지만 말입니다. 다시 한 번 말씀드립니다만 발굴이야말로 이런 감춰지고 잊혀졌던 사실들을 밝혀 낸다는 것을 국민 모두가 인식해야 하겠습니다.

여성과 아동

여성 문제는 여성만의 문제가 아니라 남성의 문제이고,
사회와 국력의 문제이며 인류 전체의 문제라는 인식이 확산되었으면 합니다.
육아와 가사 문제의 효력적인 해결과 여성 근로조건의 개선,
그리고 과학계와 정치계에 여성이 적극 진출할 수 있도록
사회와 국가가 지원해야 합니다.
전통사회의 여성들은 인고와 희생으로 가정과 역사를 섬겨 왔지만,
이 시대의 여성들은 성숙한 인간애와 적극적인 협동 능력으로
가정과 사회, 국가와 역사를 섬겨야 합니다.
역사의 방관자가 아니라 남성과 함께 역사를 창조하고
역사에 책임을 함께 져야 합니다.

주정일──유미숙

한국 여성의 출산율 저하곡선은 놀라울 정도로 급속도로 떨어졌다. 아이를 낳아 키우는 일이
그만큼 어려워서다. 육아의 사회적 책임과 성숙한 자녀교육관에 대해 원로 아동학자 주정일과
그의 30년 제자인 숙명여대 교수 유미숙이 이야기를 나눴다.
주정일은 1968년 보건사회부(현 보건복지부) 부녀아동국장 시절 '어린이집'이란 말을 처음
만든 사람이다. 우리나라 아동학의 선구자인 그는 서울대와 숙명여대 교수로 후학을
양성했을 뿐 아니라 정부에서 일하며 어린이집의 양적·질적 향상에 초석을 다졌다.
또 정서장애아를 위한 상담소를 열어 한국식 놀이치료와 아동심리 상담의 기초를 닦았다.
유미숙은 1974년 대학에 입학해서 주정일을 만난 뒤
원광아동상담소까지 대를 이어 운영하고 있다.

아이답게
자랄 수 있도록
권리를 돌려 줍시다

유미숙 선생님께서 걸어오신 아동 복지의 길을 돌아볼 때 가장 또렷이 떠
       오르는 것은 무엇입니까?

주정일 보건사회부(현 보건복지부)에서 일하면서 '어린이집'이란 이름을
       만들고, 특히 사회의 지원이 필요한 저소득층 아이들을 어떻게 도
       와 줘야 하나 고민을 많이 하던 시절을 들 수 있습니다. 어린 시절
       이야말로 두뇌 발달의 결정적 시기이고, 이를 잘 도와 줄 환경을
       저소득층까지 확대해야만 우리나라의 미래가 밝다고 그때도 생각
       했습니다. 벌써 36년 전 일입니다. 이제 유아 교육 환경은 크게 발
       전했지만 저소득층 가정의 아이들, 증가하는 이혼 가정의 자녀 문
       제는 여전히 숙제로 남아 있어 마음이 아픕니다.

유미숙 선생님이 서민들을 위해 고안해 낸 보육 시설 '어린이집'은 현재도
       보육과 교육의 몫을 잘 병행해 나가고 있습니다. 그 숫자도 전국으

로 엄청나고요. 하지만 질적으로 개선돼야 한다는 목소리가 높습
니다.

주정일 물론입니다. 우리나라 모든 아이들이 집과 가까운 곳에서 질 높은
교육을 받아야 합니다. 이를 위해선 국가의 철저한 보육 정책이 뒤
따라야 합니다. 국립·공립·민간 어린이집들 사이의 격차를 줄여
나가야 하고, 특히 나라의 도움을 필요로 하는 어린이들이 그 혜택
을 100퍼센트 받을 수 있는 길을 열어 줘야 합니다.

그러기 위해선 정확한 보육 실태 조사가 전제돼야 하지요. 중앙 정
부 공무원부터 면 사무소 보육 담당 직원까지 자기 일에 대한 책임
감과 프로 정신을 가져야 합니다.

유아 교육자가 갖춰야 할 덕목은 무엇입니까?
내 문제부터 풀어야 아이들과 공감하기가 쉬워져요.

유미숙 선생님께서는 전문 치료가 필요한 장애 어린이에 대해 일찍이 관
심을 보이셨습니다. 아이들과 놀이 치료하는 모습은 아직도 감동
으로 남아 있습니다. 아동 상담은 어떤 길로 나아가야 할까요?

주정일 아동 상담도 이제는 예방 사업으로 가야 합니다. 가끔 부모들이
"우리 아이도 상담을 받아야 하나요?" 하고 물어요. 그 말 속엔 상

담을 받으면 문제가 있는 것이고 상담을 받지 않고 버텨 내면 문제 없는 아이라는 편견이 숨어 있습니다. 이제는 문제가 생긴 아이를 치료하는 상담이 아니라 '건강한 아이를 더욱 건강하게!' 라는 생각으로 접근해야 합니다. 또한 아동 상담을 민간이 아닌, 국가가 나서서 해야 합니다. 학교마다 상담실과 놀이 치료실을 갖춰야 하지요. 지금처럼 '소비자 부담' 방식이라면 경제적인 여유가 없는 집안 아이들은 방치되고 맙니다. 어린이집 보육 혜택처럼 아동 상담도 같은 수준의 서비스가 이뤄져야 합니다.

유미숙 아동 상담자, 유아 교육자로서 가장 중요하게 갖추어야 할 자질과 덕목은 무엇입니까?

주정일 '공감(共感)' 능력입니다. 공감 능력을 키우려면 우선 자기 문제에서 해방돼야 합니다. 그러기 위해선 스스로 교육 분석을 받아야 하고요. 나도 상담을 하기 위해 상담을 받았습니다. 그로 인해 내 문제에서 풀려날 수 있었고 내 문제를 해결하고 나니 아이들과의 공감이 훨씬 쉬웠습니다.

유미숙 공감 이외에 저는 지식도 중요하다고 생각합니다. 놀이 치료실에서 아이가 장난감을 던지는 행동을 하더라도 아이의 나이와 정신적 연령, 환경 상태 등을 알아야만 이해가 되고 공감이 일어나니까요. 자기가 얼마나 모르는지를 알아가는 과정이 성장이라고 생각합니다. 그런데 선생님, '잘 키운다'는 것은 어떤 의미인가요?

주정일 신체적, 정신적, 정서적, 사회적으로 건강하게 키운다는 뜻입니다. 부모가 아이를 잘 키우기 위해서는 아이들 발달 단계를 잘 알아야만 합니다. 아이가 어릴 때는 아무것도 모른다고 여겨 떼어놓았다가 초등학교에 갈 무렵부터 데려다 기르는 부모들이 많습니다. 아이의 발달 단계를 모르기 때문이죠. 신뢰감이 형성되고 자율감이 형성되는 아주 중요한 시기를 놓치고 마는 것입니다. 어릴수록 부모의 손이 필요하고 부모가 잘 기르는 것이 중요합니다.

출산 욕구를 고취시킬 수 있는 방법은 뭔가요?

출산이 여자만의 일이 아니라는 걸 알아야 해요.

유미숙 육아 환경이 대체로 나아지고 있습니다. 출산 휴가가 90일이고, 육아 휴직도 3년까지 가능합니다. 하지만 육아 휴직 제도가 있어도 과연 사회에서 인정하는 분위기인가를 생각하면 답답합니다. 여성들은 '돌아갈 자리가 있을까?' 하고 걱정을 하고 있습니다.

주정일 직장으로 복귀하기 위해서는 여성 자신의 노력도 필요합니다. 3년간 육아에 전념한다고 사회와의 문을 닫아서는 안 되지요. 인터넷 교육, 사회교육기관, 지역 사회의 각종 강의를 찾아다니며 자기 계

발을 해야 합니다. 또 자신을 돌아볼 혼자만의 시간을 갖는 게 중
요하고, 여성들에게 이런 시간이 반드시 필요하다는 것을 가족이
나 사회가 알아야 합니다.

유미숙 자녀가 있는 성공한 여성 뒤에는 친정어머니나 시어머니 등 다른
여성의 희생이 뒤따르게 마련입니다. 이런 이유로 결혼을 해도 자
녀를 갖지 않으려는 부부, 또 결혼 자체를 하지 않으려는 미혼 여
성이 증가하고 있습니다. 또 출산 장려금을 준다고 출산 욕구가 올
라가지 않지요. 해결책을 가르쳐 주십시오.

주정일 출산은 여자만의 일이 아니라는 생각이 널리 공유돼야 합니다. 또
아이는 부모만이 아닌, 사회와 국가의 책임이기도 합니다. 국가는
우선 질 좋은 어린이집을 가정이나 직장 옆에 많이 만들어 사회가
함께 키울 수 있는 여건을 마련해야 합니다. 육아 휴직 후 여성들
이 안심하고 직장에 되돌아올 수 있도록 재교육을 위한 지원도 아
낌없이 해야 하고요.

유미숙 줄 세우기식 평가 방법, 대입 위주의 교육, 획일적 교육 제도가 여
전히 우리 사회를 지배하고 있습니다. 다양화 속에서 각자의 독창
성을 인정하는 교육 문화를 일구려면 어디서부터 변화가 일어나야
할까요?

주정일 부모와 사회, 국가 모두 변해야 합니다. 평등이라는 개념을 획일화

와 혼동해서는 안 되지요. 각각의 개성을 존중하고 환경을 평준화
한다는 것은 많은 경제적 지원이 따라야 하므로 단번에는 안 될 것
입니다. 하지만 '우리' 라는 공동체적 입장에 서면 좀 더 멀리 계획
을 세울 수가 있습니다.

유미숙 선생님에게 '우리의 아이들' 이란 여러 의미를 담고 있는 듯합니다.

주정일 우선 우리 손주와 자녀들이 있고, 일주일에 한 번 내가 놀이 치료
해 주려고 만나는 강동구 어린이집 아이들이 있습니다. 최근엔 북
한 이탈 남한 거주 아이들을 위한 대안 학교를 설립하는 일을 돕고
있어요. 밥 없어 굶는 아프리카 아이들도 우리의 아이들이지요. 그
들을 위해 유니세프 같은 기관에 천 원짜리 한 장 내는 것도 우리
아이들을 위한 일입니다.

유미숙 요즘 아이들에게는 놀 수 있는 시간, 스스로 생각할 수 있는 시간,
자신을 시험해 볼 수 있는 시간이 없습니다.

주정일 아이들에게 아이들 자신의 시간을 돌려 줘야 합니다. 그것은 어린
이들이 어린이답게 자랄 수 있는 권리입니다. 또 내 아이가 건강하
기 위해서는 남의 아이가 건강해야 함께 잘살 수 있습니다. '우리'
의 품을 넓혀 가야 할 때입니다.

윤후정 —— 김선욱

우리나라 최초의 여성 헌법학자인 이화여대 명예총장 윤후정은 초대 한국여성학회장,
대통령 직속 여성특별위원회 초대 위원장을 지내며 한국 여성 문제의 이론적·실천적 대안을 모색해 왔다.
1976년 그가 주축이 돼 발족한 '여성사회연구회'는 한국 여성학의 씨앗이 됐다.
1980년 헌법 개정 때에는 현행 헌법 제36조 제1항 "혼인과 가족생활은 개인의 존엄과 양성의 평등을 기초로
성립되고 유지되어야 하며, 국가는 이를 보장한다."는 조항의 초안을 작성했다.
호주제 폐지를 골자로 한 민법 개정안의 법률적 근거가 됐다. 1998년 여성특위 위원장 시절엔 현재 한국 여성정
책의 중요한 토대가 되고 있는 '남녀차별금지 및 구제에 관한 법률' 제정에 산파 역할을 했다. 이화여대 법대 교수
김선욱은 행정법이 전공이며 국내에서 몇 안 되는 법여성학자다. '여성정책담당관' 제도, 여성 할당제 도입 등
한국 여성정책에 중요한 영향을 끼쳤다. 2005년 1월 5일 한국 최초의 여성 법제처장으로 임명되었다.

여성 인력의 활용에
국가의 미래가 달려 있죠

김선욱 헌법학 전문가이면서 여성 문제에 깊은 애정을 갖고 연구와 교육
활동을 병행해 오셨습니다. 여성 문제에 관심을 갖게 된 특별한 계
기가 있었나요?

윤후정 내 고향이 함경남도 안변, 농촌입니다. 우리 어머니를 비롯해서 당
시 농촌 여성들의 생활을 보면서 "여성의 삶은 무엇인가? 여성의
인생은 무엇인가?" 그런 의문을 가지게 됐어요. 어머니는 아버지
와 같이 밭에서 하루 종일 일하시고 들어오시면, 식구들을 위해 저
녁을 지었어요.

그 시간부터 아버지와 어머니는 해야 할 몫들이 판이하게 달랐습
니다. 어머니는 온갖 가사와 육아로 끝없는 일더미 속에 사셨고,
아버지는 저녁을 잡수시면 마실을 가셔서 이웃집 아저씨들과 이런
저런 동네 일 등 이야기도 나누시며 휴식을 취하셨습니다. 왠지 나

는 이러한 농촌 여성들의 생활상을 보면서 여성으로 태어난 사람의 서러움을 느꼈지요. 또한 초등학교 4~5학년 때에 어렴풋이 우리가 일본 식민지하에서 살고 있다는 것을 느끼게 되었습니다. 그때부터 조선말 사용금지 등 학교 생활들이 무엇을 의미하는지를 되짚어보곤 했지요. 국력이 약해지고 나라가 잘못 되면 어떻게 되는가를 보았던 것입니다.

그래서 내가 어떻게 하면 이러한 것들이 조금이라도 개선이 되어가는 데 보탬이 되는 일을 할 수 있을까 하는 것이 나의 삶의 방향을 지배했다고 할 수 있을 것입니다.

여성 문제 해결을 위해 중요한 점은 무엇입니까?

모두의 문제로 인식하고 함께 역사 만들어야죠.

김선욱 그래서 선생님의 민족 문제와 여성 문제에 대한 고민이 학문적으로는 법학과 여성학 연구로, 그리고 여성 문제를 사회 문제 속에서 찾고 해결하시고자 하는 실천으로 일관해 오시게 한 것 같습니다. 오늘 한국 사회의 여성 문제를 어떻게 보십니까?

윤후정 사회적 상황과 여성의 문제를 함께 봐야 해요. 『사회 변동론』을 보면 남녀의 역할과 기능이 완전히 구별·분화되는 권위적 체제의 시기가 있고, 다음으로 양성이 부분적으로 함께 기능하는 혼재적 단계가 옵니다. 이어서 여성이 전문성을 갖춰 남성 영역에 경쟁적으로 도전하는 단계가 있고, 그 후에는 재창조 단계에 이르게 됩니다. 이 단계에 오면 기본적으로 남녀 생활 패턴에 구별과 차별이 없는 '통합 사회' 가 이뤄집니다.

그런데 우리나라는 이 모든 단계가 광복을 기점으로 60년이라는 아주 짧은 시간 동안 한꺼번에 밀어닥쳤습니다. 때문에 여성 문제에서도 여러 가지 양태가 혼재돼 있는 상황이라고 볼 수 있지요.

김선욱 선생님께서는 이미 1970년대 초에 여성 문제는 지위 향상 차원이 아니라 구조적이고 근본적인 해결책으로 접근해야 한다고 주장하셨습니다. 이는 당시 한국 여성 운동에 획기적인 전환점을 마련해 주었는데요, 선생님께서 말씀하시는 구조적이고 근본적인 해결 방향이란 무엇을 의미합니까?

윤후정 갑이라는 머슴에게 그의 생일날 옷을 잘 입히고 좋은 음식을 먹게 했다고 해서, 갑의 머슴 자리가 변하는 것은 결코 아닙니다. '여성 지위향상론' 이 갖는 한계에 대한 적절한 비유이지요. 오랫동안 우리의 남녀 생활 양태를 지배해 온 가부장제와 유교 문화는 남녀의 속성 내지 기질과 성품의 차이를 이분법으로 구분해 남녀 역할에 자연스런 차이를 두었어요. 이러한 기질과 역할의 다름은 신분과 지위, 가치 매김도 달리하여 남녀의 우열과 상하 지위를 설정했습니다. 더욱 문제는 이러한 기질과 역할, 지위가 천부적·생물학적 요소에 기인한다고 본 것이었죠.

그런데 과학과 인지의 발달은 남녀의 기질과 성품의 차이가 예외적 경우를 제외하고는 많은 부분이 생물학적·천부적 요인에서가 아니라 후천적·문화적으로 형성돼 왔음을 밝혀 냈습니다. 남성과 여성에 대한 본질적이고 구조적인 생각과 생활 태도가 바뀌어야 여성 문제가 근본적으로 해결될 수 있습니다.

남녀에게 우열은 있을 수 없어요.

여성이 인간답게 살아야 남성도 해방돼요.

김선욱 선생님께서는 일체감 사상, 자유 평등의 공존론, 통합 사회 지향을 배경으로 '통합 여성론(Integrated Woman)'을 제시하셨습니다.

윤후정 여성과 남성은 근본적으로 같은 사람이며, 기능에 있어서도 아주 특별한 경우를 제외하고는 다를 것이 없습니다. 남녀에게 교육과 훈련과 기회와 숙련성을 똑같이 부여한다면 그 우열은 있을 수 없지요. 차이는 개별적으로 봐야지 성(性) 간에 집단적으로 보는 것은 타당하지 않아요.

통합 여성은 남성과 여성이 적대·대립 관계에 있지 않으며, 동등한 의착 관계에서의 보완과 조화의 파트너십 속에서 실현됩니다. 여성이 인간답게 살아야 남성도 해방됩니다. 통합 여성의 실현은 기본적으로 상대방에 대한 인간애와 동격성을 인정하는 것이기 때문에 정의가 바탕이 되며 평화 사회를 지향하는 것입니다.

김선욱 그렇다면 통합 여성은 1960년대에 제기되었던 슈퍼 우먼과는 어떠한 차이가 있을까요?

윤후정 단적으로 말해서 가사와 육아 부담은 그대로 여성의 몫이고, 전문 능력을 길러서 남성 세계, 즉 남성이 하는 바깥 직장 생활을 할 수 있고, 또 해야 한다는 것이 슈퍼 우먼론입니다. 나는 여성 문제의 발전 단계에서 이것도 한 동안 도움이 되는 생각이었다고 봐요. 그러나 궁극적인 여성상일 수는 없으며, 근본적인 여성 문제 해결은 되지 않는다고 봅니다. 왜냐하면 결국 이것은 여성에게 이중 부담인데, 이러한 여성 생활이 얼마나 고달프며, 이 틀에서는 자기의 능력과 잠재력을 다 발휘할 수는 없기 때문이지요.

김선욱 선생님께서 여성특별위원회 위원장이셨을 때 1998년 여성 정책의 기조로 성 주류화(gender-mainstreaming)를 처음으로 채택하셨는데, 통합 여성상의 실현이 그 배경이라고 생각합니다. 그리고 그때 산파 역할을 하셨던 '남녀차별금지 및 구제에 관한 법률'은 한국 여성정책의 중요한 인프라가 되고 있습니다. 여성 차별을 없애고 통합 사회를 일구기 위한 구체적인 방법을 말씀해 주시지요.

윤후정 문제를 핵심적으로 보고, 핵심적인 해결법을 찾아 사회적 공감대를 일궈가야 합니다. 여성 리더의 역할은 그래서 중요해요. 또 하나는 남성들의 참여를 활발히 이끌어내는 겁니다. 우리나라에서도 여성 인력의 활용은 국력의 문제로 대두됐습니다. 저출산 문제 때문에 국가의 장래가 걱정이라고 야단들 아닙니까? 가사와 육아는 더 이상 여성들만의 몫이 아닙니다. 남녀 역할 분담 차원에서 더 나아가 사회화가 이뤄져야 해요. 직장 문화, 노동 시장의 구조, 국가 공공 정책 등이 모두 이를 가능하게 해 줘야 하지요.

여성할당제를 남성들은 역차별이라 합니다.
동등한 경쟁 조건이 이뤄질 때까지는 반드시 필요해요.

김선욱 통합 사회로 가기 위한 정책들이 초기에는 많은 저항을 받기도 합니다. 성(性)을 사고파는 개인과 알선자를 처벌해 성 산업의 고리를 끊고 성매매 피해 여성의 인권을 보호하고자 마련된 성매매 특별법 시행을 둘러싼 논란이 그렇고, 호주제 폐지와 관련한 민법 개정 논의가 그렇습니다. 또 여성발전기본법에 근거한 할당제 등의

적극적 조치가 부분적으로 도입되고 있는 것에 대해 남성들은 역
차별을 우려하기도 합니다.

윤후정 현실을 보면 기회와 훈련 등의 조건에서 남녀 차이가 여전히 큰데,
동일한 출발점에서 경쟁시키면 그건 불공평한 것이지요. 여성들이
이제껏 받아온 차별과 고통이 사라져 남자와 동등한 조건에서 경
쟁을 하게 될 때까지는 이러한 적극적 조치가 있어야 실질적 평등
을 이룰 수 있습니다.

김선욱 이미 여성 공무원 채용 목표 제도는 양성 채용 목표제로 바뀌어 남
성도 30퍼센트가 안 되는 소수가 되면 이 제도의 혜택을 받고 있습
니다. 적극적 조치는 사회 모든 부분에서의 성의 균형이 이뤄질 때
까지 필요한 조치이므로 말씀하신 통합 사회가 이뤄질 때까지는
반드시 필요하다고 생각합니다. 호주제 폐지에 대한 찬반 논쟁이
뜨거웠습니다. 특히 호주제가 폐지되면 한국의 가족 제도가 와해
된다고 우려하는 분들도 계셨고요.

윤후정 호주 제도는 가부장제와 농경 사회를 기반으로 한 대가족 제도에
서의 버팀목이었어요. 후기 산업 사회인 21세기 상황과는 괴리가
있을 수밖에 없지요. 호주제 폐지는 변화되는 가족 구조의 기반을
반영하기 위한 것이라고 봐야 합니다. 호주제로 인해 재혼 가정 등
많은 사람들이 고통을 받아 왔으니까요. 호주제의 가장 큰 문제는

아들과 딸, 남성과 여성의 가치를 근원적으로 차별한다는 것입니다.

김선욱 이번 국회에서 민법 개정안이 통과되어 '통합 사회'로 한 단계 나아갈 수 있으면 좋겠습니다. 끝으로 한국 사회의 여성 문제 해결을 위해 가장 중요한 사항은 어떤 것이 될까요?

윤후정 여성 문제는 여성만의 문제가 아니라 남성의 문제이고, 사회와 국가의 문제이며 인류 전체의 문제라는 인식이 확산되었으면 합니다. 육아와 가사 문제의 총력적인 해결과 여성 근로 조건의 개선, 그리고 과학계와 정치계에 여성이 적극 진출할 수 있도록 사회와 국가가 지원해야 합니다.

전통 사회의 여성들은 인고와 희생으로 가정과 역사를 섬겨 왔지만, 이 시대의 여성들은 성숙한 인간애와 적극적인 협동, 능력으로 가정과 사회, 국가와 역사를 섬겨야 합니다. 역사의 방관자가 아니라 남성과 함께 역사를 창조하고 역사에 책임을 져야 합니다.

2005년 3월 2일 국회에서 호주제 폐지를 담은 민법 개정안이 통과되었으며, 2008년 1월 1일부터 시행될 예정이다.

이인호 —— 최영미

서울대 명예교수(명지대 석좌교수) 이인호는 러시아사를 전공한 서양사학자이자
한국 외교 사상 '최초의 여성 대사'로 이름이 높다. 미국 콜롬비아대와 고려대,
서울대 교수를 지낸 그는 주 핀란드 대사, 주 러시아 대사를 맡아 외교 증진에
뛰어난 역할을 했다는 평가를 받고 있다.
시인 최영미는 1992년 《창작과 비평》을 통해 등단한 뒤 시집 『서른 잔치는 끝났다』,
『꿈의 페달을 밟고』 등을 통해 선풍적인 주목을 끌었다.
두 사람은 1981년 서울대 서양사학과에서 지도교수와 학생으로 첫 대면했다. 최영미의 산문집
『시대의 우울』에 이인호가 촌평을 실었고, 국가보안법으로 구속된 황인욱의 석방을 위한
동문들의 탄원서에는 사제가 모두 동참하기도 했다.

직장에서든
집에서든
자신의 잣대를 세워야죠

최영미 선생님께서 공부할 1960년대 당시 여학생들은 대부분 문학을 전공한 걸로 알고 있는데요, 선생님께서는 어떤 계기로 역사를, 그것도 러시아사를 공부하게 되셨는지요? 반공이 국시였던 냉전 시대에 대한민국의 어느 용감한 남학생이라도 머뭇거렸을 공산주의 종주 국가의 역사를 감히(?) 파고들게 된 특별한 이유라도 있으셨는지 궁금합니다.

이인호 아버지께서 역사 관련 서적이나 역사 소설을 갖고 계셔서 어려서 부터 이야기로서의 역사에 상당히 재미를 느꼈습니다. 초등학교 3학년 때 해방을 맞았는데, 어린 귀에도 '약소 민족의 설움'이니 '연합군에 의한 해방'이니 하는 말만 온통 들렸지요. 그래서 자연히 왜 우리는 약소국이 되었고 서양은 우수한 세력이 되었는가에 대해 호기심이 일었습니다.

교양 교육으로는 역사가 좋다는 집안 어른들과 학교 선생님들의 격려도 있고 해서 사학과엘 입학했는데 막상 대학에 들어가 보니 교육 여건이 매우 실망스러웠죠. 그러던 차에 마침 기숙사비까지 전액 지원하는 장학금을 받을 기회가 있어 한 학년만 마치고 미국으로 유학을 가게 되었습니다.

그런데 웨슬리 대학 2학년일 때예요. 그러니까 1957년에 소련이 세계 최초의 인공위성 스푸트니크를 쏘아 올려 미국 사회에 대단한 충격을 주었지요. 소련 연구 강화가 시급하다는 사회 분위기 속에서 우리 대학에도 바로 그 다음해 러시아 지성사가 개설되었는데, 그 강의를 들은 나는 그것이 남의 나라 얘기 같지가 않았습니다. 개항 이래 일제 시대를 거치면서 우리 지식인들이 당면했던 것과 비슷한 문제들로 고민하면서 결국은 사회주의 혁명으로 치달았던 러시아의 혁명적 인텔리겐치아에 대해 흥미를 느끼지 않을 수 없었죠. 그리고 한국 사람 누군가는 소련을 정식으로 연구해야 한다는 생각도 들어 러시아 역사를 전공하기로 했습니다.

최영미 제가 대학에 입학할 즈음 서울대에 여자 교수님은 매우 드물었습니다. 1980년 가을이었어요. 2학기 축제 기간에 이인호 선생님께서 발표자로 나오는 심포지엄을 청강하며 선생님을 처음 뵈었지요. 부임한 지 몇 년 되지 않으셨을 때인데 벌써 여학생들 사이에 소문이 파다했습니다. 인문대학 1학년 여학생의 대다수가 선생님 말씀을 들으러 우르르 몰려갔어요. 주제가 러시아 혁명사였는데, 내용은 모두 잊었지만 선생님의 독특한 목소리만은 두고두고 기억에 남아 제 인생에 영향을 끼쳤습니다.

전형적인 한국 여성인 저희 어머니의 "밥 먹어라!", "이제 들어오니?"와 같은 일상적인 언어들과 집 안에서만 울리는 순종적인 목소리에 익숙하던 제게, 마이크를 타고 드넓은 강당을 휘어잡는 정열적이면서도 감정이 절제된, 여성성이 거세된 듯한 선생님의 중성적인 음성이 무척 낯설면서도 매혹적이었습니다. "어떻게 저런 어려운 말들을 하나도 더듬지 않고…… 역사니 혁명이니 하는 심각한 단어들이 여성의 몸에서 나올 수 있을까?" 그저 신기하기만 했습니다. 그 목소리에 반해 '나도 선생님처럼 당당한 목소리를 내고 싶다.'는 막연한 바람을 갖게 되었죠. 그게 제가 대학에 입학해 저의 앞날에 대해 최초로 품었던 구체적인 꿈이었다고 할까요.

저희 때는 계열별로 입학해서 일 년을 수강한 뒤에 2학년부터 전공학과를 정했습니다. 그때 저는 독문학과와 서양사학과를 놓고 마지막 순간까지 고민하다가 선생님의 얼굴이 아른거려 서양사학과로 정했지요. 그런데 정작 서양사학과에 들어가서는 학내 시위에 휩쓸려 공부는 뒷전이었어요. 돌이켜 보면 공부를 하고 싶어서 대학에 들어갔는데 공부는커녕 20대에만 가능한 풋풋한 연애도 못해 봤다는 게 제 개인적으로는 가장 아쉬운 부분입니다. 학생들도 힘 든 시절이었지만, 대학 교수라는 직업도 결코 편한 자리가 아니었 을 거라 짐작됩니다. 어려운 여건 속에서도 어떻게든 학생들을 보 호하려고 애쓰던 선생님의 모습이 아직도 잊혀지지 않고 있습니 다.

이인호 대학 교수들에게 굉장히 곤혹스러웠던 시기가 1970년대와 1980년 대였습니다. 미국에서 교편을 잡다가 1972년부터 1979년까지 고려 대에 있었는데, 당시 고려대는 학생 운동의 중심지였어요. 그런데 1979년 여름 서울대로 옮기니까 이번엔 서울대가 데모의 중심지가 되는 거예요. 1967~70년 미국 콜롬비아 대학에 있을 때는 그 곳이 민주화를 주창하는 운동의 중심지였고요.

**순수한 지적 호기심이 왕성한 학생 시기에
탐구의 자유가 허용되지 않았던 것은 비극이에요.**

최영미 시끄러운 데만 골라서 다니셨군요.
이인호 대학 생활 4년이란 신체적으로나 정신적으로나 성인이 되는 관문 에 들어서는 젊은이들이 성인으로서의 책임은 유예받은 상태에서

지(智)·덕(德)·체(體)를 집중적으로 연마하는 기간이 돼야 하는데, 우리 학생들은 그 기회를 빼앗기고 살았던 거죠. 순수한 지적 호기심이 왕성한 시기에 현실적인 문제에 천착하기보다는 삶에 관한 보다 근본적인 질문들을 던지고 그에 대한 자기 나름의 해답을 찾는 데 몰입함으로써 지적으로나 도덕적으로나 비판적으로 사유하는 능력을 길러야 하는데 그 시대에는 그런 탐구의 자유가 허용되지 않았던 거예요. 현실 정치가 잘못 돌아가니까 자기들만이 민족적 양심의 수호자라는 생각에 사로잡혀 너무나 일찍부터 그리고 오랫동안 현실에 뛰어들어야 했던 것이 그 세대들뿐 아니라 나라 전체의 비극이었다고 봅니다.

최영미 그때는 마르크스나 레닌 원전을 읽는 게 유행이었습니다. 아직 사회 경험이 없는 20대에 외부로부터 급진 개혁 이념의 세례를 받은 젊은이들은 한쪽으로 치우칠 수밖에 없었지요. 젊음은 그 속성상 선명한 것에, 이분법적 사고에 더 이끌리는 법이니까요. 학생들에게 영향을 미칠 수 있는 양심적인 기성 세대가 분단의 역사 속에서 거의 전멸했다는 사실 또한 사상의 편식을 방치한 셈이지요.

그나마 살아남은 지식인들도 총칼이 무서워 제 목소리를 내지 못하는 상황에서 학원을 중심으로 극단적인 사회 변혁을 도모할 수밖에 없는 환경이 조성된 것이었던 겁니다. 저는 대한민국 역사의 불행 중 하나가 바로 그런 단절에 있는 게 아닌가 생각해요.

이인호 대학에 몸담았던 사람으로서 상당히 안타깝고 죄책감을 갖게 하는 부분입니다. 지식인들이 진실을 말하지 못하고, 학생들을 가르치고 연구에 몰두해야 할 교수들은 데모를 막는 데 동원되었지요. 학생들이 아까운 대학 시절을 데모하는 데 소진할 수밖에 없었던 것은 군사 독재 아래서 반공을 핑계로 정치적 진상이 은폐되고 역사가 왜곡되는 것을 막지 못했던 기성 세대 때문입니다. 학생들은 진실에 목말라하는데 교수들이 강의 내용이나 학사 운영에서조차 학문의 자유를 중심으로 한 본연의 자세나 권리를 지켜내지 못한 거지요.

지금도 기억에 선명한 것은 영국의 저명한 마르크스주의 계열 역사학자 에릭 홉스봄 교수와 미국의 비판적 지성의 대표 스튜어트 휴즈 교수를 국제 문화 협회의 지원으로 초청해 강연회를 연 일이에요. 바로 옆에서 격렬한 시위가 벌어지고 있는데도 200명 가까운 학생들이 들어와 진지하게 듣고 예리한 질문을 던지는 거예요. 그 모습을 보면서 한편으로 놀라고 흐뭇하면서도 그런 기회를 더 만들어 주지 못하는 상황이 안타까웠죠.

최영미 요즘의 역사 교육을 어떻게 보시는지요? 우리가 극복해야 될 것들이 있다면 어떤 것들일까요?

이인호 우리나라에서 역사 교육이 실종된 지는 이미 오래 됐습니다. 1972
여름 유신 초기였는데 '한국적 민주주의'를 주창하면서 대학교에
서 세계 문화사 강의를 없애고 국사의 내용을 군사 정권의 편리에
따라 마구 고치더니 나중엔 중·고등학교에서도 세계사 교육이 약
화되고 드디어 국사마저 선택 과목이 되었습니다. 역사의 내용으
로 포함돼야 할 정치와 경제, 사회, 문화, 지리 등이 모두 독립 과
목으로 분리돼 나가면서 역사 과목에는 백과사전식으로 이름과 연
대가 나열된 지식만 남은 거예요. 그야말로 인간이 살아 온 이야기
로서의 역사를 변화라는 축을 통해 접할 기회가 우리 교육에서 사
라진 거죠.

내가 역사학을 전공해서가 아니라, 사실 인간과 시민을 교육하는
데 가장 기본이 되는 게 언어 다음으로 역사 교육이거든요. 자본주
의의 아성이라는 미국에서도 오늘날 법학 대학원에 가는 사람들이
학부 전공으로 가장 선호하는 과목이 역사예요. 그런데 우리는 그
게 없다 보니까 역사의 흐름이나 변화들을 전 세계의 흐름과 연결
해 보지 못하는 편협하고 반지성적인 풍토가 조성된 겁니다. 다행
히 우리는 민주화에 어느 정도 성공했기 때문에 학문과 토론의 자
유가 적어도 법적으로는 보장되어 있고 보고 싶은 책들을 마음대
로 볼 수 있습니다. 지금 한국의 학문 수준은 옛날보다 상당히 높

아졌고, 어려운 환경 속에서도 공부에 매진한 후배들이 쓴 책을 보면 이 나라의 미래에 희망이 보여 행복합니다. 정말 제대로 된 학문을 전달해 학생들 스스로 진실이 뭔가 발견하도록 하는 것은 중요하지요.

지금 중·고등학교 검인정 역사 교과서들은 내가 봐도 딱할 정도로 편향돼 있어요. 사실이 아닌 것을 사실이라고 가르칩입니다. 이번 수능시험 인용문을 봐도 불필요하게 우리 역사의 부정적인 부분이 강조되고 있음을 알 수 있습니다. 왜 이런 현상이 일어났을까요? 과거에 한쪽을 가르치지 않았기에 그 반대 급부로 다른 한쪽으로 편향된 역사 해석이 나온 것입니다. 공식 커리큘럼과 지하 커리큘럼으로 역사 해석이 양분된 이후, 이제 예전의 지하 쪽이 우세하게 되었지만 편향된 점은 예나 지금이나 마찬가지죠.

지식인과 위선에 대해 어떻게 생각하시나요?

자신을 자각하지 못하는 것이 위선보다 큰 문제죠.

최영미 언젠가 사석에서 선생님은 제게 "위선은 허위가 진실에게 바치는 마지막 찬사"라는 말을 인용하신 적이 있습니다. 저는 진실이 허위보다 우월하다는 걸 인정하고 들어간다는 뜻으로 받아들였는데,

지식인과 위선에 대해 말씀해 주시지요.

이인호 지식인이라면 적어도 책임 지지 못할 말은 하지 말아야 합니다. 위선보다 더 큰 문제는 자기가 거짓에 빠져 있다는 것을 자각하지 못하는 것입니다. 속마음과 다르게 말을 하고 그것을 너무나 자연스럽게 받아들이는 분위기가 사회 전반에 만연되어 정신적 낭비가 이만저만이 아닙니다. 억압 속에서 살아남다 보니 위선이 내면화되었다고 변명할지 모르지만 이젠 벗어나야 하지요.

사적인 자리에선 "그렇게 하면 안 된다."는 것을 잘 알고 있는 사람들도 공적인 자리에선 이상한 얘기들이 나와도 아무 말도 못하고 가만히 있는 경우를 많이 봅니다. 학계에도 이런 위선적 태도가 널리 퍼져 있습니다. 그래서 한편에서는 학문의 수준이 올라가도 공론의 수준이나 질은 나아지지 않는 듯합니다.

또 한 가지 문제는 감정에 의해 이성적 판단이 흐려지는 도가 심하다는 점입니다. 예를 들어 여성 문제에 관한 논의를 보면 누가 지적 기율(紀律)을 가지고 있고 없고가 아주 선명하게 드러납니다. 노사 관계 같은 사회 문제에서는 분석을 잘하던 남자들도 남녀 문제에만 오면 사고의 궤도를 이탈하는 사례를 허다하게 봅니다.

최영미 한국의 지식인들은 좌우를 막론하고 너무나 경직돼 있습니다. 하다 못해 개인의 창의성을 가장 존중해야 할 문화 영역에서조차 획일적인 사고와 행동 양식이 지배적이지요. 한국 사회에는 조직은 있지만 '개인'이 없습니다. 제도와 관습이라는 보이지 않는 거대한 벽에 부딪힐 때마다 저는 때로 "이런 나라에서 어떻게 예술이 가능한가?" 회의가 들기도 합니다.

지성인에게는 전시용 지식이나 처세술보다는
자신과 타인을 이해하는 시각과 실천이 필요해요.

이인호 지식인의 존재 방식이나 역할이 옛날과 비교해서 매우 달라졌습니다. 지식인층의 확대라고나 할까요. 옛날에는 책을 독점한 계층이 모든 걸 장악했지요. 몇 십 년 전까지만 해도 학생들이 보지 못하는 책 한 권을 가지고 계속 가르친 교수도 있었지만 지금은 그렇지 않습니다.

인터넷을 통해 때로 걸러지지 않은 지식과 정보들이 물리적 폭력에 버금가는 무서운 힘으로 퍼져나가는 지식과 정보의 홍수 속에서 제대로 된 것을 찾아가는 역할을 하는 사람들이 필요한데, 그런 역할을 하기 위해선 개방된 자세와 동시에 엄격한 지적 기율에 기초한 도덕적 사유의 훈련이 반드시 필요합니다.

최영미 인터넷이 보급된 이후 지식의 상품화가 심화, 확대되었습니다. 지식과 정보는 재료일 뿐 그것을 토대로 자신과 타인을 이해하는 자신만의 시각을 키우고 이를 실천해야 진정한 지성인이라 할텐데, 우리의 천박한 풍토에선 남에게 보여 주기 위한 지식이나 싸구려 처세술들이 대단한 지혜로 포장되어 시장에서 팔리고 있지요.

이인호 교육과 인력 훈련은 서로 밀접한 관계에 있지만 초점이 다릅니다. 교육의 핵심은 "협동하면서 사는 게 싸우면서 사는 것보다 낫다."는 가르침을 밑바닥에 깔아야 하는데, 우리 교육에는 그게 빠져 있어요. 그러니까 교육받은 사람들에 대한 불신과 증오가 생겨 급기야 반(反)지성주의가 형성되는 거죠.

"협동하면서 사는 게 싸우면서 사는 것보다 낫다."
이런 가르침을 교육의 밑바닥에 깔아야 해요.

최영미 최근에 중국의 고대사 왜곡을 비롯해 과거사 문제가 불거지면서 한·중·일 삼국에 미묘한 기류가 형성되고 있고, 국내에서도 친일 청산을 둘러싸고 정치판에서 소모적인 논쟁을 주고받았습니다. 바야흐로 '과거'가 현재의 이익과 결부돼 시국의 최대 현안으로 떠오르며 우리 사회에 역사란 무엇인가라는 화두를 던져주었습니다. 역사학자로서 그리고 전직 외교관으로서 과거 청산에 대한 선생님의 견해를 듣고 싶습니다.

이인호 지금 과거 청산을 외치는 사람들 대다수는 일제 시대에 살았던 사람들이 마치 도덕적 고민이 없이 이기심 때문에 친일 구호를 외친 듯 단순 논리를 펴는 경향을 보입니다. 그런데 그것이야말로 역사를 제대로 이해하지 못하기 때문에 생기는 부작용이지요. 민족을 서로 끌어안고 미래의 화합을 위해 과거를 돌아봐야지, 우리에게 해를 가했던 일본 사람들에게는 말 한마디 못하면서 우리들 사이에서 갈등과 반목을 증폭시키는 방향으로 역사를 재단하는 것은 바람직하지 않습니다.

역사적인 진리나 역사 앞에서의 도덕적 책임이라는 것이 그렇게 단순한 게 아닙니다. 러시아 혁명 이전에 황제와 국가를 위해 독일군과 싸우다 죽은 러시아 병사들이 도덕적으로 단죄돼야 합니까? 도덕적 평가란 여러 각도에서 종합적으로 이루어져야 합니다. 개개인이 어떠한 상황에서 어떻게 생각하고 행동했는가를 모두 살펴봐야지요. 남북이 분단되는 상황에서는 찬탁도 반탁도 친공도 반공도 모두 우국 충정에서 우러나온 행동일 수 있었던 반면, 분명히 민족적 반역자로 규탄받을 만한 행동을 한 사람들도 있었는데 그런 것을 직위에 따라 법으로 도식화해서 단죄하려 한다는 것은 너무나 유치하고 위험한 발상입니다.

일제 시대, 그리고 한국 전쟁의 삶이란 게 어땠는가를 제대로 이해
할 만한 명확한 지식이나 역사적 상상력을 기르지도 못한 사람들
이 조상들을 단죄만 한다면, 그것이 오히려 용서받기 어려운 일이
될 것입니다. 가령 김활란 같은 경우에는 여성 교육을 포기하는가
마는가라는 선택의 문제였고, 《조선일보》와 《동아일보》의 친일 시
비의 경우도 신문을 폐간해 버렸다면 친일을 할 필요도 없었겠지
요. 살아남기 위해 밤에는 친공, 낮에는 반공을 외쳐야 했던 분들
을 단죄하는 데는 그만한 고뇌가 따라야 합니다.

우리는 지금 과거사 청산을 어떻게 해야 할까요?

갈등과 반목을 키우는 단순한 역사 재단은 안 되죠.

최영미 그럼 친일 문제는 더 이상 거론하지 말아야 할까요? 자라나는 세
대들에게 잘못된 과거를 분명히 알려 줄 필요는 있지 않습니까?
이인호 물론입니다. 역사학자들이 친일 청산 문제를 연구해 오고 있는데,
학자들에게 맡겨둬야 합니다. 가장 시급한 것은 우리만 아니라 남
이 보아도 수긍할 만한 현대사 쓰기 작업을 거국적으로 추진하는
것입니다. 우리나라 역사만 아니라 동아시아의 역사를 다시 써야
지요. 핀란드의 경우엔 스웨덴의 변경 지역이었다가 러시아 제국

의 일부가 되었다가 러시아 혁명기에 내란을 겪으면서 독립을 성취했습니다. 그 후로도 계속 러시아의 침략을 받았지만, 지금은 핀란드와 스웨덴, 러시아 사람 누가 읽어도 괜찮은 역사책을 만들어 냈습니다.

동북아 역사도 마찬가지입니다. 과거는 있던 사실대로 가르치면서, 독일과 프랑스가 화해하듯 각국이 노력해야 합니다. 중국의 저우언라이(周恩來)가 1960년대에 중국의 대국주의 때문에 한국인들의 강역이 줄어든 데 대해 북한 학자들 앞에서 사과를 한 연설문을 얼마 전에 읽고 깊은 감명을 받았어요.

최영미 이야기가 너무 무거워졌는데, 제가 우스운 애기 하나 할까요. 선생님께서 핀란드 대사로 계실 때 제가 찾아뵌 애기를 한 신문에 썼는데 제 여동생의 시어머님이 그 책을 읽고는 아주 조심스럽게 동생에게 묻더랍니다 "너희 언니가 이인호란 사람과 어떤 관계냐."고.(웃음) 선생님의 이름만 보고 남자로 오해했던 거죠.

이인호 내가 젊은 역사학도였을 때만 해도 '여류 시인'이니 '여류 학자'니 하면서 은근히 여성들을 깔보는 풍토가 있었어요. 그런데 내 경우 이름 때문에 남자로 오인받아서 오히려 편한 점이 많았습니다. 필자가 여자면 글도 읽어 보려 하지 않던 시대에도 '이인호'가 쓴 것은 읽었고, "여자로선 제법이다."라는 말을 하지 못했으니까요.

최영미 요즘 여성 정치인들이 한국 사회의 전면에 등장해 바람을 일으키
고 있습니다. 저희 때는 선생님이 가장 앞서나가는 분이셨지요. 정
치가를 꿈꾸는 후배들에게 선배로서 해 주고 싶은 말씀은요?

이인호 나야 정치인은 아니지요. 학자로 있다가 전문직인 외교관으로 나
간 것이니까요. 지금은 여성 대법관, 헌법 재판관이 있고 국회에도
여성의원들이 늘었지만, 전체적으로 보면 아직도 균형이 잡혔다고
할 수는 없습니다. 공직과 그 밖의 고위 관리직에도 여성이 좀 더
진출해야지요. 사회 각계에서 지도적인 역할을 하나 둘씩 맡고 능
력을 발휘하다 보면 사실 여성이니 남성이니 하는 구별은 없어질
것입니다.
지도자적인 자질이라면 첫째가 인품이지요. 그 다음은 자기 자신
을 좁게 보는 게 아니라 나라 전체를 자신의 확장으로 보는 포용력
과 자기가 맡은 분야에서 철저하게 책임을 수행할 수 있는 능력과
헌신입니다. 그것을 갖추면 여자라고 해서 특별히 어려움을 겪지
는 않을 거라고 봐요.

최영미 그런데 언론에서 여성 정치인을 대하는 태도를 보면 조금 문제가
있다는 생각이 듭니다. 그의 자질이나 능력보다는 미모와 패션에
주목하는 언론 보도에 편승해 일부에서는 외모에 지나치게 신경을
써서 보는 이로 하여금 "공무로 바쁠 텐데 언제 옷이며 액세서리를

구색을 맞춰 살 시간이 있을까?", "저 여자의 옷장 한번 볼만하겠군." 하는 생각을 하게 해. 의아해질 때가 있습니다. 그러나 한편으로는 스커트를 입거나 화장하는 것도 허용되지 않았던 80년대의 억압적인 대학 분위기와 비교해 보면 자신을 가꾸는 게 '해방된 여성'의 하나의 조짐으로 받아들여지기도 하지만요.

**화장이나 성형 등도 어느 정도까지는 괜찮은데,
지나치면 역효과가 나는 게 아닐까요?**

이인호 그건 사회적인 풍토와 관계 있는 것 같습니다. 우리는 지금 감각주의가 판치는 세상에 살고 있잖아요. 심지어 남성들도 화장을 하고 성형 수술을 하니까요. 현대야말로 삶에서 '신체'라는 게 가장 크게 부각되는 시대라고 평가하는 사람도 있잖습니까. 이성보다 감성이, 정신보다 육체가 우선시되는 시대의 요청에 여성들도 부응하는 것인데, 지나치면 미모보다 중요한 인품이나 능력이 무시되는 부작용이 있을 수 있지요.

얼굴을 다 뜯어고치고 나서도 그것을 자기라고 할 수 있는지? 결국 균형의 문제인 것 같습니다. 옷을 깨끗하게 차려입고 화장을 아름답게 하는 것도 어느 정도까지는 괜찮은데, 지나치면 역효과가 나게 되는 게 아닐까요?

최영미 선생님께서는 지금까지 살면서 '내가 여자이기 때문에 이런 일을 당하는구나.'라고 여자로 태어난 억울함을 가장 크게 자각하셨을 때가 언제였는지요?

이인호 사소한 일들은 많았지만, 다행스럽게도 억울함을 뼈저리게 느낄 만한 사건은 별로 없었어요. 사회적 차별은 물론 느끼지만 내 인생 전체로 보면 항상 내가 노력한 것 이상의 보상을 받고 있다는 데 감사하는 마음으로 살아왔습니다. 어렸을 적에는 병역의 의무를 남자들만 지는 것이 억울하다고 생각한 적은 있었지요. 여성이라기보다는 학자로서 제대로 연구할 환경이 못 되어 괴로웠던 점은 있었어요.

한국에서는 자료 접근에 제약도 많았고, 미국에서 교수는 30퍼센트 정도의 시간만 누구나 할 수 있는 일을 하고 70퍼센트는 자기만의 연구에 몰입할 수 있었는데, 우리나라에서는 정반대였어요. 조교를 시켜도 할 수 있는 일에 대부분의 시간을 쏟아야 하니까요.

최영미 선생님은 저의 어머니와 연세가 비슷하신데, 제가 아는 두 분은 전혀 다른 인생을 사셨죠. 저의 어머니는 대학 교육을 받은 신여성이셨는데도 전형적인 한국 여성의 삶을 택하셨지요. 의식주를 포함한 인간의 모든 욕구를 식구들에게 양보하고 가정의 좁은 틀 안에

당신의 몸과 영혼을 가두는 어머니를 볼 때마다 답답한 적이 많았
어요.
지금 60~70대 할머니들은 그 연배의 옛날 어머니들이 누리던 노년
의 평화를 못 누리고 있지요. 환갑 즈음에는 육아와 가사 노동에서
해방되어 자신의 인생을 즐겨야 하는데, 직장 나가는 딸과 며느리
를 대신해 손주들을 돌봐주느라 아직도 고생하시지요. 사회의 여
러 분야에서 활동하는 젊은 여성들은 자기 윗세대에 빚을 지고 있
다는 걸 잊지 않았으면 좋겠어요.

얼마나 남에게 많은 걸 주며 살았느냐에 따라

그 인생의 가치와 무게가 가늠되는 겁니다.

이인호　그래요. 나도 어머니를 모시고 있는데, 아흔한 살이세요. 내가 한
국에서 많은 활동을 한 사람으로 알려져 있지만, 나와 내 어머니가
살아온 삶을 비교해 보면 과연 내가 어머니보다 더 충만하고 생산
적인 삶을 살았는가에 대해서는 자신이 없어요. 어머니는 자신은
물론이거니와 자식과 다른 사람까지 뒷바라지하며 남의 삶에 활력
을 넣어 주는 자양분 역할을 아직도 톡톡히 하고 계시니까요.
지금도 손자 손녀 열일곱 명을 포함해 200명이 넘는 사람들을 컴퓨

터처럼 머리 속에서 관리하고 계시거든요. 사람의 삶이라는 것은 겉에 드러난 것만 가지고 평가할 수는 없습니다. 얼마나 남에게 많은 걸 주며 살았느냐에 따라 그 인생의 가치와 무게가 가늠되는 겁니다.

최영미 어머니가 환갑을 맞으셨을 때 처음 저와 둘이서 해외 여행을 갔는데, 그때서야 비로소 저의 어머니가 어떤 분인지 알았어요. 찬음식을 안 좋아하시고, 닭고기를 좋아하시고 등등. 얼마 전에 "컴퓨터를 배울까, 손주를 돌볼까." 고민하는 당신에게 "남편과 자식의 그늘을 벗어나 이젠 엄마 인생을 사시라."고 말씀드렸는데도 결국 손주를 택하시더라고요. 그래서 "우리 어머니는 할 수 없구나!" 탄식하면서도 한편으론 그런 어머니가 존경스럽기도 했어요.

이인호 그처럼 자연 발생적으로 베푸는 삶이 자기 속에 내면화되니까 아름다울 수 있는 것입니다. '내가 이런 일을 해서 보람을 느낀다.'는 식의 의식 자체가 아예 없는 것이지요.

최영미 한국 사회에서 여성으로 산다는 것은 어떤 의미가 있나요?

이인호 공적인 영역에서 여성의 삶은 지난 몇 십 년 동안 눈에 띄게 달라졌습니다. 법적인 지위도 향상됐고 사회적인 기회와 의식면에서도 변화가 많았지요. 그러나 사회에서 궁극적으로 남녀를 구분하는 유리벽은 아직도 남아 있어요. 결국 개개인이 하나의 존재로서, 영

적·정서적·지적·신체적 욕구를 가진 인간으로서 어떻게 사는
게 가장 충실하게 사는 것인가에 대해 끊임없이 고민하는 자세가
있어야 한다고 봅니다.

나는 오늘날 '가정 주부로 사느냐', '직장 여성으로 사느냐' 는 식
의 양분법적인 논의는 무의미하다고 봐요. 주어진 여건 속에서 자
기가 가진 능력을 얼마나 충분히 발휘하느냐에 따라 내적인 충만
감을 느끼느냐 못 느끼느냐가 판가름나는 것이지요. 직장에서든
집에서든 외부의 잣대에 자신을 맞추다 보면 언젠가는 공허함에
부딪치게 될 것입니다.

경 제 와 사 회

'하늘 보고 침 뱉기'라는 말이 있습니다.
자기가 살고 있는 나라의 정치인이나 기업인을 부도덕한 사람을 만들어 놓으면,
우리에게 돌아올 이익이 결국 뭐가 있겠습니까?
그러나 원죄는 기업에 있습니다. 우리가 잘못했고 부도덕했기 때문입니다.
더 크게는 우리 사회가 올바로 되어야 합니다.
'하면 된다', '나 모로 가도 서울만 가면 된다',는
목적 지향적인 태도는 이제 버려야 합니다.
목적을 달성하기 위해 어떤 수단, 어떤 과정을 밟을 것인가를 중시하는 사회 풍토,
기업 풍토를 만들어야 합니다. 그것이 정도 경영입니다.

조순── 박원암

전 서울대 교수 소천(小泉) 조순은 무엇보다 1974년에 펴낸 『경제학 원론』으로 이름이 높다.
1970년대 말부터 정부의 지나친 개입으로 왜곡된 한국 경제 개혁의 필요성을 역설했으며,
1988년 경제 기획원 장관으로 일하게 되면서 학교를 떠나 한국은행 총재, 서울시 초대
민선 시장, 한나라당 총재, 제15대 국회의원을 지냈다.
정치인으로서 그의 행보에 대한 세인의 평가는 공과(功過)가 엇갈린다.
박원암은 미국 MIT에 유학하여 거시경제와 국제금융을 전공했으며,
한국개발연구원(KDI)을 거쳐 홍익대학교 교수로 있다. 요즘도 조순이 주도하는
경제사상연구회에 매달 참가하며, '산신령'으로 불리는 스승과
북한산과 관악산을 즐겨 찾는다.

자발적인 창의성이
경쟁력을 길러 줍니다

박원암 유가가 급등하고 수출 증가세도 둔화되면서 내수 회복이 늦어질 것이라고들 전망하고 있습니다. 무엇보다 경제 활력이 떨어졌다는 지적입니다. 현재 우리 경제를 어떻게 보고 계시며, 그 문제점은 무엇이라고 생각하십니까?

조 순 정말 어렵습니다. 성장률이 5퍼센트 대에서 4퍼센트 대로 하향 조정되고 있습니다. 경쟁국 중에서 가장 낮은 수치이죠. 그것도 전적으로 수출에 의존하는 것이고, 내수가 아주 부진합니다. 수출이 아니라면 성장률은 아마 0퍼센트 내외일 것입니다. 우리 경제의 문제점은 크게 두 가지를 들고 싶습니다. 하나는 수출과 내수, 대기업과 중소기업, 빈부 격차의 심화, 지역경제의 불균형 확대 등 양극화가 너무 심하다는 것입니다. 다른 하나는 기업과 금융, 정부 등 각 경제 주체가 제 역할을 못하고 있는 점입니다.

박원암 세계화에 따른 경쟁 심화와 기업별·개인별 생산성 격차로 불가피
하게 차별화가 되는 측면도 있습니다.

조 순 우리 경제의 불균형은 매우 오래 된 현상으로, 정책 당국이 그때그
때 적절하게 대처하지 못했기 때문에 확대된 것입니다. 사실 외환
위기를 맞게 된 것도 역대 정권이 불균형의 비효율을 간과하고 대
책을 마련하지 못한 데에 그 원인이 있습니다. 외환 위기 이후에도
불균형이 시정되지 않고 오히려 확대되고 있습니다.

박원암 불균형 현상 중에서도 대기업과 중소기업의 양극화가 특히 우려되
고 있습니다. 외환 위기 이후 중소기업의 구조 조정은 대기업에 비
해 상대적으로 활발하지 못했습니다. 내수 침체가 장기화되면서
중소기업의 부실 도산이 늘어나지 않을까 염려됩니다.

조 순 중소기업은 공급과 수요 면에서 모두 어렵습니다. 공급 면에서는
유능한 인재들은 중소기업에 가기를 꺼리고, 은행들은 대출을 꺼
립니다. 때문에 중소기업은 혁신할 능력이 부족하고 따라서 생산
성이 낮습니다. 수요 면에서는 내수 침체로 국내 수요가 줄어들고
수입 자유화로 싼 물건이 들어오면서 외국 제품과 경쟁해야 합니
다. 그런데 정부의 대책은 예나 지금이나 주로 자금 지원 대책에
국한되는 경향이 있고, 경제 전체 구조 속에서 인력과 기술, 그리
고 시장의 문제를 소홀히 했습니다.

박원암 우리 경제 주체들이 제 역할을 못한다고 하셨는데요.

조 순 기업의 생명은 슘페터가 말한 대로 혁신에 있습니다. 그런데 우리
나라는 기업의 혁신이 적고, 특히 중소기업의 혁신이 아주 미약합
니다. 선진국의 경우는 중소기업이 혁신을 하여 대기업이 되며, 그
예로 미국의 마이크로소프트사를 들 수 있습니다.

그러나 우리나라는 그런 예가 거의 없습니다. 대기업도 전자, 자동
차 등 일부 업종을 제외하고는 정부 정책에 대한 의구심과 불확실
성을 이유로 투자와 혁신을 하지 않고 있습니다. 금융 기관도 혁신
의 자세로 기업 금융의 위험을 부담하는 것을 피하고 가계 금융에
치중하고 있습니다. 이 마당에 가장 중요한 경제 주체인 정부도 그
역할을 제대로 하지 못하고 있습니다.

박원암 우리 경제가 다시 활력을 찾으려면 어떻게 해야 되겠습니까?

조 순 우리 경제의 문제점은 사실 외환 위기 이전부터 있었던 것이므로
단기 대책으로 극복하기는 어렵습니다. 단기 대책과 아울러 중장
기적으로 노력해야 합니다. 개혁은 비정상적인 것을 정상화시키는
것이지, 불균형을 치유한다면서 또 다른 불균형을 만드는 것이 아
닙니다. 정상화란 지금과 같은 글로벌 경제에서 성장이냐 분배냐
를 논하지 말고 경쟁력 강화 방안을 강구하고 추진하는 것입니다.

박원암 위정자들이 개혁을 할 때는 어떤 자세를 가져야 합니까?

조　순 역사적으로 문제 해결의 대책을 방치해 두다가 한꺼번에 개혁하려다 실패하는 과오를 많이 범했습니다. 호미로 할 일을 가래로도 하지 못한 사례가 많습니다. 개혁은 제도와 습관을 바꾸는 것인데, 제대로 고치려면 시간이 오래 걸립니다. 미리미리 손을 써야 합니다. 외환 위기 이후의 개혁을 보아도 한꺼번에 경제 전반에 걸쳐 개혁을 추진했지만, 경쟁력 향상으로 이어지지는 않고 있습니다. 역사적인 예로 1894년 김홍집 내각의 갑오경장을 들 수 있습니다. 당시의 조선 정부는 아무런 개혁도 하지 않고 있다가 일본이 와서 개혁을 하라고 하니까 조선 500년 동안 내려오던 것들을 준비도 없이 한꺼번에 고치려고 했습니다. 그것이 국력의 향상으로 이어지지 못하고 끝내 망국으로 이어졌습니다.

박원암 정부는 경쟁력을 향상시키기 위해 동북아 중심 국가 건설을 구상했고, 칠레와의 자유무역협정을 체결한 바 있습니다. 글로벌 경제에서 어떻게 우리의 경쟁력을 향상시켜야 합니까?

조　순 글로벌 경제에서는 자유화, 자율화가 모든 정책의 기본이 돼야 합니다. 대외 개방을 하려면 먼저 대내적인 자유화를 통해 경쟁 체제

를 갖추어야 합니다. 올림픽에 나가서 좋은 성적을 거두려면 먼저
국내에서 실력을 갖추어 경쟁할 수 있도록 해야 합니다. 대내적인
자유화를 하지 않고 있다가 외환 위기를 맞아 갑자기 지나치게 적
극적으로 대외 개방을 하다 보니 기업과 건물을 헐값에 팔게 되었
습니다. 이를 외국인 투자로 보고 환영하는 것을 보면 안타깝습니
다. 대내적인 자유화 면에서 특히 중요한 것이 교육입니다. 우리나
라의 교육은 고등 교육까지 일률적으로 통제되고 평준화의 틀을
유지하고 있어서 경제 발전의 장애가 되고 있습니다.

교육 평준화 원칙이 강화되고 있습니다.

사회주의식 통제는 경쟁력을 떨어뜨리죠.

박원암　요즘과 같은 지식 경제 시대에서는 인재 양성을 통한 경쟁력 향상
　　　　이 매우 중요하고, 교육에도 경쟁의 원리를 도입해야 한다는 말씀
　　　　인데요, 정부의 '2008년 대입 제도 개선 방안'을 보면 평준화의 원
　　　　칙이 더 강화되고 있습니다.

조　순　우리 경제가 제대로 되려면 교육을 통해서 생산성을 높여야 하므
　　　　로 교육과 경제는 불가분의 관계에 있습니다. 평준화를 하면 다 같
　　　　이 잘되지 않으니 우리끼리 마음은 편할 수도 있겠습니다만, 경쟁

력을 키울 수는 없습니다. 대학을 포함하여 각급 학교에 자율권을 주어야 합니다. 마치 교육의 문제가 대학 입시 제도에 있는 것처럼 사회주의 방식으로 통제한다면, 사교육비도 음성적으로 더 많아지고 나라의 경쟁력은 날이 갈수록 떨어질 것입니다.

박원암 참여 정부는 "물 흐르듯이 개혁을 하겠다."고 했습니다만 최근 학자들 간에 참여 정부의 정책이 반(反)시장 경제적이 아닌가 논란을 벌인 바 있습니다.

조 순 정부가 나서서 이래라저래라 하는 지난날의 방식을 가지고는 시장 기능이 작동하지 않습니다. 동북아 중심 국가 건설과 같은 정부의 프로그램만으로 경쟁력이 강화될 수는 없으며, 민간의 자발적인 경제 활동을 통한 창의성의 발휘가 있어야 경쟁력이 강화됩니다. 케인스는 시장 실패와 정부 개입의 필요성을 강조하고, 반대로 하이에크는 정부 실패와 시장 자율을 강조했지만 우리 현실에서는 이들의 주장을 골고루 소화하는 것이 중요합니다.

박원암 후학들에게 당부하고 싶은 말씀을 듣고 싶습니다.

조 순 첫째 경제학은 실사구시(實事求是)를 떠나서는 가치가 없다는 점, 둘째 실사구시는 역사 의식을 필요로 한다는 점, 이 두 가지를 특히 강조하고 싶습니다. 최근 경제학은 현실에 대한 적합성을 잃고 있어서 걱정입니다. 경제학이 공리공담을 일삼아서는 안 됩니다.

이현조──김성우

(주)LG전자 고문 이헌조와 (주)한국퀄컴 사장 김성우가 기업의 세계화와 혁신에 대해 이야기를 나눴다.
이들이 몸담고 이끈 반도체와 휴대 전화, 디스플레이 등 전자산업은
지난 10여 년 동안 한국 경제 성장의 견인차 역할을 했다.
이헌조와 김성우는 1990~1996년 LG전자(옛 금성사)에서 CEO와 임원으로 함께 근무했다.
이헌조는 서울대 철학과를 졸업하고 1957년 LG그룹에 입사한 뒤,
1976년 국제증권 사장을 시작으로 1996년 LG전자 회장으로 퇴임할 때까지 20년 동안
LG그룹 주요 계열사 CEO(최고경영자)로 활동했다.
서울대 수학과를 졸업한 김성우는 지난 1990년 통신·미디어연구소장(이사)으로 LG전자에 입사했다.

국제 기준에 맞게
제품을 만들고 경영해야죠

김성우 국내 기업들이 세계화에 적극적으로 나서기 시작한 때가 1990년대 중반이었습니다. 10년 전 경험에 비춰 볼 때, 우리 기업은 앞으로 어떻게 세계화를 진행해야 할까요?

이헌조 세계화라는 것은 국내뿐 아니라 세계적으로 통용되는 기반을 갖춘다는 의미입니다. 오늘의 현실을 보면, 과연 우리 기업들이 국제 기준에 따라 경영하는가 하는 생각도 없지 않아 있습니다. 우리가 만드는 제품과 하는 일, 우리의 윤리가 국제적 기준에 부합하는지 의문이 들기 때문입니다. 우리 기업이 세계 시장을 개척하고 세계적 기업과 경쟁을 하려면 로컬 룰(규칙을 임의로 바꾸는 것)로는 안 됩니다. 골프장마다 로컬 룰이라는 것이 있지만, PGA(미국 프로골프) 대회에서 로컬 룰대로 하려면 안 되는 것과 마찬가지입니다.

김성우 제가 지금 한국 쪽 책임을 맡고 있는 퀄컴이라는 회사는 전 세계에 퍼져 있는 지역 본부가 모든 일을 알아서 처리하는, 책임 경영제를 운영하고 있습니다. 또 퀄컴은 전체 직원이 8,000여 명인데, 대부분이 기술 개발 인력입니다. 한국 기업은 어떻게 기술 혁신을 해야 한다고 보십니까?

평준화 교육으로는 좋은 인재가 나오기 힘들고

기술의 혁신도 기대하기 어려워요.

이헌조 아직도 우리 기업은 기술에 대한 투자를 충분히 하지 않고 있습니다. 사회와 정부, 기업이 기술 개발에 어느 정도 관심을 두는지도 의문입니다. 기술 혁신이 안 되는 이유는 사람에 있습니다. 지금 같은 평준화 교육으로는 좋은 인재가 나오기 힘들고 기술의 혁신도 기대하기 어렵습니다.

김성우 우리나라는 해외 기술에 대한 의존도가 높습니다. 원천 기술 분야에서 미국이나 일본에 뒤지는 이유는 무엇일까요?

이헌조 과학 교육이 문제입니다. 우리나라는 1960년대 들어서야 과학 교육을 시작했습니다. 과학 교육과 산업 발전은 서로 맞물려 가는데, 우리가 언제 기초 과학을 공고히 다질 여유가 있었습니까? 또 기술 개발을 위한 인재가 부족합니다. 우수한 학생이 눈앞의 돈만 생각하면서 공대에 가는 것을 꺼리고 있습니다.

김성우 한국은 아직 정부가 기술 개발을 주도하는 경향이 있지만, 미국은 정부가 주도하는 경우가 거의 없습니다. 정부가 제시하는 기술로 세계화에 맞출 수 있을지 고민해야 할 시점이라고 생각합니다.

이헌조 글로벌 기준은 우리가 만든다고 되는 것이 아닙니다. 세계에서 우리를 인정할 만큼 실력이 있어야 합니다. 여기에 국제·정치적인 이해 관계도 고려해야 합니다. 차세대 DVD(디지털 비디오 디스크) 표준을 놓고 세계가 양분되는 것도 그런 예입니다.

김성우 기업이 기술 혁신을 이끄는 것은 당연하지만, 기업이 힘이 없으니까 정부가 끌고 가려는 것은 아닐까요?

이헌조 기업은 자생력이 있습니다. 물론 정부가 인프라를 마련해 주었지만, 휴대 전화나 자동차를 세계 각국에 파는 것은 결국 기업입니다. 기업의 창의력과 기업가 정신을 소중히 여기는 환경이 와야 합니다. 기업가 정신을 저해하는 정부의 리더십은 바람직하지 않다고 봅니다.

김성우 우리나라 기업의 노사 문제는 어떻게 풀어야 할까요?

이헌조 일찍이 산업 사회를 구축한 선진국들의 기업은 이미 노사 문제로 인한 홍역을 다 치렀습니다. 그런데 '노사(勞使)'라는 말은 초기 산업 사회에서나 통용되던 낡은 개념입니다. 노동자와 사용자로 구성된 기업이 지금 어디 있습니까? 주주와 경영자, 근로자 등 각각 역할이 다른 사람들이 모인 곳이 기업입니다. 기업이 발전해야 노조원들도 이익을 볼 수 있습니다. 기업의 이윤은 적정한 수준만큼 기업 발전을 위해 재투자해야 합니다. 노조의 권익을 위해서만 쓰라고 요구한다면 비합리적인 욕심이 될 수 있습니다.

김성우 경영자의 인식도 바뀔 부분이 있을 듯합니다.

우리 기업의 노사 문제는 어떻게 풀어야 하나요?
경영자가 노조와 직접 대화하고 거짓말하지 말아야 해요.

이헌조 노사 문제를 발전적으로 이끌어가기 위해 경영자가 꼭 해야 할 일이 있습니다. 우선, 노조와 대화할 때 거짓말을 해서는 안 됩니다. 둘째, 노무 관리 책임자에게 책임을 떠넘기지 말고 직접 나서서 책임 있게 대화해야 합니다. 셋째, 성의를 가지고 노조를 존중하는 입장을 가져야 좋은 방향으로 노사 문제가 흘러갑니다.

김성우 외국 기업은 신입 사원을 잘 안 뽑습니다. 경력을 보고 일에 맞도록 사람을 채용합니다. 우리나라 기업이 신입 사원을 몇 천명씩 뽑는 것은 이해가 안 됩니다. 사오정이라는 말이 있지만, 일 잘하는 선배들이 이른 시기에 퇴직해야 하는 경우가 많습니다.

이헌조 맞습니다. 회사의 나이를 지나치게 낮추는 것은 사회적 자원의 낭
비이며, 문화적 축적의 훼손이라고 생각합니다. 이런 식으로 가다
가 우리 기업이 성장에 한계를 느끼지 않을까 걱정됩니다.

부정에 연루된 기업인들이 많아 걱정입니다.
올바른 수단을 밟는 기업 풍토를 만들어야죠.

김성우 사회적으로 사회의 혁신, 기업의 혁신을 많이 이야기합니다. 사회
의 혁신은 정치인의 역할이지만, 기업의 혁신은 기업인의 윤리와
도 관계가 있을 듯합니다.

이헌조 자기의 소임과 역할, 윤리를 충분히 자각하지 못한 기업인이 아직
많습니다. 게다가 우리 사회나 정부가 기업인들을 윤리적으로 부
도덕한 사람으로 만들기도 합니다. 잘못한 점을 법으로 다스리는
것은 좋지만, 공개적으로 벌을 주고 부도덕한 사람으로 모는 것은
기업의 경쟁력을 갉아먹고 기업인의 윤리 의식 자체를 저해하는
측면이 있습니다.

김성우 지난 6~7년 사이에 거래 관계가 있는 한국의 유수한 기업인들이
구속되는 사례를 많이 봤습니다. 결과적으로 벌금형이라든지 집행
유예가 됐는데, 판결이 나기 전 감방에 수감돼 있는 것을 보고 외

국 사람이 물어오면 대답하기 곤란했습니다.

이헌조 '하늘 보고 침 뱉기' 라는 말이 있습니다. 자기가 살고 있는 나라의 정치인이나 기업인을 부도덕한 사람을 만들어 놓으면, 우리에게 돌아올 이익이 결국 뭐가 있겠습니까? 그러나 원죄는 기업에 있습니다. 우리가 잘못했고 부도덕했기 때문입니다. 더 크게는 우리 사회가 올바로 되어야 합니다.

'하면 된다.' 나 '모로 가도 서울만 가면 된다.' 는 목적 지향적인 태도는 이제 버려야 합니다. 목적을 달성하기 위해 어떤 수단, 어떤 과정을 밟을 것인가를 중시하는 사회 풍토, 기업 풍토를 만들어야 합니다. 그것이 정도 경영입니다.

김성우 혁신을 하려면 비용이 듭니다. 그러나 힘들더라도 혁신을 계속해야 합니다. 그렇게 해야만 앞으로 10년 후 더욱 좋아질 것입니다.

이헌조 기업이 10년 전보다 외형적으로 커졌고, 경쟁력도 좋아진 것은 사실입니다. 그러나 인재의 질적인 면에서 10년 전보다 지금이 더 나으냐는 것은 의문입니다. 나이에 걸맞지 않게 부정적인 이야기를 많이 했습니다. 중요한 것은 젊은 사람들이 용기를 가지고 새로운 세계의 여건에 부합하는 기업 활동을 해야 한다는 점입니다.

허영—— 정종섭

명지대 법학과 초빙교수 허영과 서울대 법대 교수 정종섭은 정종섭이 1981년 '헌법의 정당성' 문제를 연구하겠다며 당시로서는 파격적으로 교수를 찾아 허영이 재직하던 경희대 대학원에 진학함으로써 사제의 인연을 맺었다. 그 후 허영이 연세대로 학교를 옮기자 정종섭도 연세대로 진학해 박사 학위를 받았다.

허영은 경희대를 졸업하고 독일 뮌헨대에서 박사 학위를 받은 뒤 독일의 본 대학과 바이로이트 대학 교수를 거쳐 경희대, 연세대 교수를 역임했으며, 고시헌법학에 머물러 있던 국내 헌법학을 '학문 이론'의 수준으로 끌어올린 첫 세대라는 평가를 받고 있다.

정종섭은 사법고시에 합격, 1989년부터 1995년까지 헌법재판소 헌법연구관을 지내면서 초창기 헌법 재판의 기초를 다졌다는 평가를 받고 있으며, 건국대 교수를 거쳐 서울대에서 헌법을 가르치고 있다.

토론하고
타협하고
절충해야 합니다

정종섭 저는 유신 시대에 법대를 다니면서 당시 유신 헌법은 전혀 정당성
을 갖고 있지 않다고 생각했습니다. 선생님께서는 헌법이 모진 수
난을 당하던 시절에 헌법을 공부하셨고 가르쳐야 했지요. 그때의
소회를 말씀해 주시지요.

허 영 1972년 3월 독일 유학을 마치고 돌아와서 헌법학을 강의하는데, 회
의와 절망과 분노와 좌절이 일었습니다. 헌법이 국민의 생활 속에
파고들어 헌법적 가치에 따라 정치적 통합을 이루어 나가는 모범
적인 법국가 독일에서 5년간 헌법학을 공부한 나로서는 당시 현실
은 정말 견디기가 힘들었습니다. 1972년 당시 천주교에서 내던 월
간 《창조》에 기고한 글이 검열에 걸려 중앙정보부로부터 심한 곤욕
을 겪었던 것도 잊을 수 없습니다.

정종섭 선생님께서는 당시 유신 헌법 정당화에 동원된 독일의 카를 슈미

트의 이론을 정면으로 비판하시고 그 대안을 통합 이론에서 찾고
자 하셨는데, 어느 정도 성공을 했다고 보시는지요? 저는 통합 이
론도 너무 우향우하면 자유가 억제될 것이라고 생각해 선생님과
좀 다른 길로 갔습니다만.

통합 이론은 독재 정치를

정당화하는 이론으로 변질되지는 않아요.

허 영 유신 통치를 정당화하려고 동원된 헌법학자들 중에는 카를 슈미트
의 결단주의 헌법 철학을 신봉한 분도 있었고, 법실증주의 헌법 철
학을 추종한 자도 있었습니다. 두 이론 다 독재 정치 정당화에 악
용될 소지를 가지고 있기 때문에 헌법학자로서 그 이론의 본질을
정확히 알려야 한다고 생각하고 나름대로 그런 방향으로 노력했을
따름입니다.
내가 주장하는 통합 이론은 아무리 비틀어서 적용해도 독재 정치
를 정당화하는 이론으로 변질될 수 없다는 장점을 가지고 있습니
다. 국민의 공감적 가치와 생활 감각 내지 시대 정신에 따른 사회
통합을 헌법의 목표로 설정하는 통합 이론에서는 처음부터 '장식
적 헌법'이나 '명목적 헌법'이 발을 붙일 공간을 허용하지 않기 때

문입니다.

정종섭 저는 1980년대에는 급진 좌파 운동 세력에서 카를 슈미트의 민주주의 이론, 즉 적과 동지의 이분법을 받아들이는 것을 보고 정말 충격을 받았습니다. 급진 좌파 진영에서 극우 이론을 혁명 이론으로 둔갑시킨 것이지요. 그러면서 그 동안 자유와 민주주의를 위해 투쟁한 것이 전혀 엉뚱한 방향으로 간다는 절망감도 갖게 됐습니다. 즉, 민주주의라는 구호 아래 자유를 억압하는 방향으로 갈 수도 있다는 위기감에 가슴이 섬뜩했던 것입니다. 자유와 민주주의가 구호로만 난무할 때 역사의 방향이 어디로 갈지 모른다는 위기감 때문이었지요.

허 영 기본적으로는 우리 헌법의 기본 이념인 자유 민주주의와 시장 경제 질서, 그리고 법치주의의 본질에 대한 이해를 제대로 하지 못하고 있다는 데 문제가 있습니다. 민주주의가 비록 다의적인 개념이기는 해도 그 본질은 오늘날 대의 민주주의일 수밖에 없습니다. 유감스럽게도 우리의 현실은 문민 정부에 들어와서도 정책 결정 과정에서 국민적 공감대를 수렴하기보다는 다수당 내지 여당의 정치적인 독선이 우선적으로 작용해 왔습니다.

그리고 다수결 원칙을 민주주의의 본질로 오해하는 것도 민주 정치가 제대로 안 되고 있는 이유 중 하나입니다. 국회에서 절충과 타협을 하기보다는 수로 밀어붙이려는 의식이 지배하는 것도 다수결을 민주주의로 착각하고 있기 때문입니다. 다수결은 민주주의가 추구하는 본질적 가치인 자유와 평등, 정의를 실현하기 위한 형식 원리에 불과한 것입니다. 따라서 아무리 다수결로 하더라도 자유와 평등과 정의의 실현에 역행하는 일을 할 수는 없습니다. 타협과 절충을 위한 토론 과정을 생략한 채 수로 밀어붙이는 다수결은 다수의 독재에 불과합니다.

요즘 헌법재판소를 비난하고 무력화하려 합니다.
그래도 헌법재판소는 헌법을 지키는 최후의 보루지요.

정종섭 1988년 아시아 최초로 헌법재판소를 도입한 이래, 지금까지 엄청난 업적을 쌓아 온 헌법재판소에 대해서 선생님께서는 어떻게 생각하시는지요?

허 영 우리 헌법재판소는 그 동안 우리 헌법을 규범적인 헌법으로 실현하는 데 매우 큰 공헌을 했습니다. 200개가 넘는 기본권 침해 법률을 위헌 결정해서 무효화한 것이 단적인 예입니다. 일본과 중국을 비롯한 동남아 여러 나라에서 우리 헌법 재판 제도에 큰 관심을 가지고 있는 것도 이해가 됩니다.

정종섭 탄핵 재판이나 수도이전법률에 대한 재판에서 보듯 헌법 재판은 본질적으로 항상 법과 정치의 긴장 관계 속에 놓여 있기 때문에 바람 잘 날이 없습니다. 그런데 요즈음 각기 자기 이해 관계에 따라 헌법 재판을 공격하고 비난하는 일이 잦아지고 있는데, 비평은 좋지만 무력화하려는 의도는 불순하다고 봅니다.

허 영 최근 일부 정치 세력이나 사회단체가 헌법재판소에 대해 퍼붓는 저주와 매도는 우리 헌정 질서의 뿌리를 흔드는 참으로 위험 천만한 정치 행태입니다. 헌법재판소의 결정과 권위를 부인하는 것은 이 나라를 또 통제 없는 독재 정치 체제로 되돌리겠다는 발상입니다. 헌법재판소의 존립 근거는 바로 국회와 정부, 그리고 법원 등의 위헌적인 권력 행사를 막는 데 있습니다. 헌법재판소는 헌법을 지키는 최후의 보루입니다.

수도 이전 판결 때 관습헌법은 적절했나요?

성문헌법을 전제한 헌법적 관행으로 이해해야죠.

정종섭 이번 헌법 재판을 계기로 '관습헌법'이라는 것이 우리 헌법 질서에서 본격적으로 인정되는 국면을 맞이했습니다. 선생님께서는 우리 법의 구조 속에서 관습헌법의 등장을 어떻게 보시는지요?

허　영　헌법재판소가 수도이전특별법의 위헌성을 지적하면서 불문헌법의 대명사로 통하는 '관습헌법'을 핵심적인 논거로 제시한 것은 개념 사용이 적절치 않았다고 생각합니다. 관습헌법이라는 불문헌법의 개념보다는 성문헌법의 나라에서도 일반적으로 인정하고 있는 헌법적 관행 내지 헌법관습법이라는 개념을 사용해서 논증하는 것이 좀 더 합리적이었다고 생각합니다.

아마 헌법재판소도 그런 취지가 아니었는가 여겨지기도 합니다. 즉, 한 나라의 수도와 국기, 국가, 국어 등은 그 나라 국민 통합의 상징성을 나타내는 헌법적인 비중을 가지는 사항이기 때문입니다. 그래서 벨기에와 오스트리아, 스페인 등 세계 80여 개 국가는 이들 사항을 헌법에 명문으로 규정하고 있습니다. 우리나라는 비록 이들 사항을 헌법에 규정하지는 않았지만, 헌법적인 비중을 가지는 헌법적인 관행으로 굳어진 사항임을 부인할 수는 없습니다.

따라서 헌법적인 관행으로 확립된 국민 통합의 상징인 우리의 수도 이전 문제는 반드시 헌법 개정에 준하는 절차와 방법을 통해서만 할 수 있는 일입니다. 우리 헌법재판소가 인정한 것을 불문헌법인 관습헌법이 아니라 성문헌법을 전제로 한 헌법적 관행 내지 헌법관습법이라고 이해한다면 더 이상 논란의 여지는 없다고 생각합니다.

정종섭 저는 국회에 범국민적·국가적 차원에서 중립적인 헌법연구위원
회를 설치하여 전문가들이 2~3년 정도 자료를 모으고 본격적으로
연구하여 진정 21세기 한국에 필요한 헌법의 모습이 어떠해야 하
는지를 연구하는 것이 필요하다고 봅니다. 정치권에서 정략적으로
갑자기 개헌 문제를 띄워 올리거나 대선 쟁점으로 삼아 논의가 왜
곡되는 것을 막는 데도 필요하다고 봅니다.

헌법이 우리의 삶에서 어떤 의미를 갖나요?
사회 생활의 기초, 일상 생활에서 실천해야지요.

허 영 좋은 생각입니다. 헌법은 함부로 손대서는 안 되지만, 그렇다고 절
대로 손대지 말아야 하는 것도 아닙니다. 역설적으로 말한다면 헌
법은 가장 강한 효력을 가지는 규범이기 때문에 침해의 유혹도 제
일 강하게 받는 규범이기도 합니다.
헌법 개정을 지나치게 어렵게 해 놓으면 오히려 헌법이 더 쉽게 침
해되는 이유도 그 때문입니다. 그리고 헌법 개정의 목적이 아니라
도 국회에 헌법 전문가로 구성된 헌법 평가팀을 두고 국회의 입법
과정에서 상설적으로 헌법적인 차원의 검토와 평가를 하도록 맡김
으로써 위헌적인 입법을 사전에 방지하는 것도 헌법재판소와의 관

계에서 국회의 위상을 스스로 높이는 길이라고 생각합니다.

정종섭 우리는 반 세기 동안 아홉 차례나 헌법을 개정하는 역사를 살아왔
습니다만, 헌법이 우리의 삶에서 어떤 의미를 지니며 왜 중요한지
를 체화하지 못하고 있습니다.

허 영 헌법은 사회 통합의 기초가 되는 공감적인 가치를 집약해 놓은 국
가의 기본법입니다. 국민이 헌법의 내용을 정확히 알고 일상 생활
에서 헌법적 가치를 자신의 가치 지표로 삼아 실천해 나가는 자세
가 필요하다고 봅니다.

송복——김호기

우리 사회의 다양한 사회 갈등을 연구해 온 원로 사회학자인 송복 연세대 명예교수와
제자 김호기 연세대 교수가 이야기를 나눴다.
서울대 정치학과를 졸업한 송복은 1975년부터 2002년까지
연세대 교수로 재직하면서 사회학을 가르쳤다. 그는 『한국사회의 갈등구조』,
『열린 사회와 보수』 등의 저작과 칼럼을 통해 보수주의 담론을 주도해 왔으며,
최근에는 동양사상을 오늘의 한국 사회에 연관해 재해석하는 연구에 주력하고 있다.
김호기는 연세대 사회학과에서 송복의 지도로 석사 학위를 받고 독일 유학을 거쳐
1992년부터 연세대에서 사회학을 가르쳐 온 진보 성향의 학자다.

갈등을
성장의 밑거름으로 삼는
지혜가 필요해요

김호기 갈등의 전성 시대입니다. 현재 우리 사회가 직면한 갈등은 일시적
이라기보다는 구조적인 성격이 두드러집니다. 노사 갈등은 세계화
가 가져오는 고용 없는 성장에, 환경 갈등은 성장 주도의 발전 전
략에 그 원인이 있습니다.

송 복 갈등을 부정적으로 볼 필요는 없습니다. 사회란 본래 질서와 갈등
으로 이뤄지는 것이니까요. 현재 우리 사회는 갈등대(葛藤帶,
conflict zone)를 지나고 있습니다. 어느 나라이건 5,000달러에서 2
만 5,000달러 사이는 사회 갈등이 분출하는 갈등대라고 볼 수 있습
니다. 이 가운데 특히 1만 달러에서 2만 달러 사이는 갈등이 폭발
하는 '갈등 중심대'이지요.

김호기 우리나라 경제가 '압축 성장'인 것처럼 사회 변동 역시 '압축 갈
등'을 겪고 있습니다. 그만큼 해결이 어려운 것 같습니다.

송 복 갈등 중심대를 통과하기 위해서는 빠른 성장이 이뤄져야 합니다.
하지만 요즘 분배를 중시하고 성장을 부정하는 흐름이 갈등을 더
심화시키고 있다고 할 수 있습니다.

김호기 성장 위주로 갈 것인가, 성장과 분배가 함께 갈 것인가는 쉬운 선
택이 아닐 것입니다. 경제 성장 전략은 사회 복지 정책과 함께 가
지 않는다면 결국 '부익부 빈익빈'으로 귀결되지 않을까요?

작은 정부는 불가피한 선택이에요.

대기업을 키워 우수한 인재를 모아야죠.

송 복 문제는 성장과 분배의 선순환을 정책으로 구현하기 어렵다는 점입
니다. '작은 정부, 시장 경제의 활성화'는 불가피한 선택이거든요.
일단 파이를 키우고 분배를 추진하는 게 현실적입니다. 작은 정부
를 만들기 위해서는 무엇보다 공무원 수를 줄여야 해요. 예를 들어
영국의 공무원 수는 47만 명인데, 우리보다 10만 명이나 적습니다.
더불어 국제적으로 경쟁할 수 있는 대기업을 키워 우수한 인재가
모여들게 해야 합니다.

김호기 고교 등급제, 수학능력시험 부정 등 우리 교육이 시험대 위에 올랐
습니다. 더욱이 '밀양 사건'은 우리 교육이 처한 도덕적 위기를 상

징적으로 보여 주고 있습니다.

송 복 "학교는 있되 학교 교육은 없다."는 게 우리 교육의 현실입니다. 공교육이 완전히 붕괴된 상황이지요. 우리 교육의 문제는 본연의 자리, 즉 우수한 인적 자원의 확보로 돌아가지 않는다는 데 있지요. 이를 위해서 학교는 학생 선발권, 학부모는 학교 선택권을 가져야 해요. 정부가 이를 막고 있는 게 우리 교육의 걸림돌이지요.

김호기 교육이 점차 계급 재생산의 수단으로 돼 가고 있다는 점이 염려스럽습니다. 인성 교육을 중시하는 평준화의 틀 내에서 경쟁을 활성화하는 게 바람직한 교육 정책의 기본 틀이 아닐는지요. 더불어 학벌 사회를 완화하기 위한 정책도 진지하게 고민해야 할 것입니다.

송 복 평준화 모델은 박정희 시대에 적합한 모델입니다. 당시에는 평균인을 육성해 산업 현장에 투입해야 했으니까요. 하지만 이제는 세계화 시대에 걸맞은 수월성 모델로 전환해야 해요. 창의력을 키우기 위해서는 '창조적 소수'를 위한 교육을 과감히 추진해야지요.

김호기 저희 세대는 80년대 민주화 운동으로부터 큰 영향을 받았고, 그래서 자연스레 진보적 성향을 갖게 됐습니다. 최근 우리 사회에서도 보수 대 진보 사이의 본격적인 이념 논쟁이 개화된 것으로 보입니다.

송 복 보수와 진보의 생산적인 대립은 정치 및 사회 발전의 중요한 조건이에요. 하지만 최근 이념 구도는 감정 충돌 내지 한풀이 충돌의 성격이 두드러져 안타까워요. 서구의 진보는 미래 지향적인데, 우리의 진보는 과거사에 지나치게 집착하는 과거 지향적이지요.

사회적 약자를 보호하는 진보가 더 요구됩니다.
진보는 자유 민주, 시장 경제 틀에서 펼쳐야 해요.

김호기 한국의 진보는 서구와 비교하면 사회 민주주의와 유사합니다. 시장에 적절히 개입해 사회적 약자를 보호하려는 게 진보의 핵심이자 신자유주의 세계화 시대에 더욱 요구되는 가치입니다.

송 복 진보주의는 자유 민주주의와 시장 경제의 틀 내에서 담론을 펼쳐야 해요. 논란이 되는 386 세대의 경우 자신의 과거 이념에 대해서 당당히 고백할 필요가 있어요. 솔직하지 못하다는 인상을 받곤 해요.

김호기 한국 보수는 서구와 달리 철학이나 정책이 부재한 것 같아요. 대안 부재와 기득권 옹호가 우리 보수주의의 현주소가 아닐는지요. 전가의 보도처럼 꺼내는 색깔론은 이젠 철 지난 유물처럼 보입니다.

송 복 상층 집단의 도덕적 의무인 '노블레스 오블리주'가 부족한 게 한국 보수의 문제이지요. 어느 나라건 보수가 역사의 주류를 이뤄 왔습니다. 과거에 안주하지 말고 미래를 열어 갈 수 있는 안정 속의 개혁을 위한 대안을 제시해야 하지요.

김호기 이념을 포함한 사회 갈등을 해소하기 위한 전략은 어떠해야 하는
지요. 요즘 그 사회적 비용이 너무 큰 것으로 보입니다.

송　복 우리 사회가 갈등 중심대를 벗어나기 위해서는 먼저 상대방의 생
각을 수용하는 자세가 중요합니다. 나만 옳다는 식의 아집과 독선
으로는 합의를 끌어낼 수는 없습니다. 자신의 결점을 허심탄회하
게 인정하는 환골탈태의 자세가 요구되지요.

김호기 관용의 문화와 시스템의 구축이 핵심인 것 같습니다. 일방적으로
통치하던 시대는 지났고, 서로 다른 이익과 가치관을 생산적인 토
론과 조정을 통해 합의하는 민주적 통치의 중요성이 커지고 있습
니다. 합리적 대안을 갖고 맞서는 갈등은 시간이 걸리더라도 결국
'윈-윈 게임'이 될 것입니다.

송　복 현재의 갈등은 미래를 위한 진통이지요. 지난 10년간 성장이 없었
던 게 아쉬워요. 갈등은 성장을 통해 해소될 수 있습니다. 작은 정
부와 시장 경제의 증진으로 성장 드라이브를 다시 걸어야 해요. 아
울러 법치를 통해 제도를 공고히 하고 투명성을 높여야 하지요. 부
디 내년에는 새로운 도약을 위한 전기를 이뤘으면 합니다.

김호기 은퇴 이후의 생활은 어떠하신지요? 선생님의 저서 『동양적 가치란
무엇인가』를 흥미롭게 읽었습니다.

송 복 서구 사상의 보편적 가치는 자유와 평등입니다. 동양의 유교 사상
에도 이에 필적하는 인(仁)과 덕(德)이란 가치가 있지요. 효(孝)와
예(禮)는 인과 덕을 이루어가는 행위로 볼 수 있습니다. 『논어』에
이어 요즘은 『맹자』에 관한 책을 쓰고 있습니다.

김호기 동도서기(東道西器)를 어떻게 볼 것인가는 우리 모더니티의 과제입
니다. 사회학도 서양의 학문인 한, 오리엔탈리즘에서 자유롭지 못
할 것입니다. 하지만 현대 사회의 다양성과 복합성을 고려할 때 동
도(東道)보다는 서도(西道)가 여전히 중요한 것은 아닐까요?

송 복 전통은 죽어 있는 게 아니라 끊임없이 재해석됨으로써 우리의 삶
과 사회를 풍요롭게 해 주는 소중한 유산입니다. 공동체를 중시하
는 유교 사상은 개인주의의 과도한 발달로 인한 현대 사회의 병폐
들을 치유할 수 있는 실천의 윤리이자 사회학이라 볼 수 있습니다.

김호기 아직도 선명히 기억에 남아 있는 것은 매일 아침 7시에 연구실에
나오셔서 책을 읽으시거나 글을 쓰시는 선생님의 모습입니다.

송 복 이제까지 가슴에 품어 온 말 중 하나는 시성(詩聖) 두보의 '어불경
인 수사불휴(語不驚人 雖死不休)' 입니다. "내 글이 사람을 놀라게
하지 않으면 죽어서도 나는 쉬지 않겠다."는 뜻인데, 두보의 성실
성을 보여 주는 말이지요. 그게 바로 학문의 길이에요. 언제까지나
계속 정진할 뿐입니다.

조 두 영 ── 정 도 언

서울대 명예교수 조두영을 서울대 의대 정신과 교수 정도언이 만난 것은 레지던트 시절이었다.
조두영은 서울대 의대 정신과 교수로 재직하면서
한국정신분석학회 초대회장과 대한신경정신의학회 회장 등을 역임했다.
그는 『프로이트와 한국문학』, 『목석의 울음—손창섭 문학의 정신분석』 등의 저서에서 보듯
우리 문학과 전통 문화 등 다양한 텍스트를 정신분석학적 분석틀로 읽어내며
한국인과 한국 사회를 탐구해 왔다.
정도언은 한국정신분석학회를 이끌어왔으며, 2004년 국내 최초로
국제정신분석학회 공인 정신분석가 자격을 땄다.

사람을 재는 잣대는
단수가 아니라 복수여야 해요

정도언 지난 20여 년 간의 정신 분석학 발전은 놀라운 것이지요. 진료 현장에서 보면 마음의 갈등은 한 개인만의 문제가 아닙니다. 환자의 심리 갈등이 작게는 가정과 직장, 크게는 사회와 문화의 영향을 받고 있습니다. 정신 분석적 관점에서 개인과 가정, 사회의 갈등은 어떻게 해석할 수 있을까요?

조두영 정신 분석적 입장에서 보면 인간 집단의 정치 사회적 큰 소용돌이가 30년 주기로 옵니다. 모든 자식은 부모에 대한 고마움 못지않게 반항심과 분노를 지니고 성장하다 청년시절에 한 번쯤 대폭발을 합니다. 가정이 모여 이룬 사회에도 이런 현상이 있어 폭발적인 소용돌이가 한 세대 간격으로 온다는 것입니다. 우리나라도 예외가 아니어서 동학농민운동, 3·1 운동, 한국 전쟁, 광주 민주화 운동, 그리고 지금으로, 30년 내외 간격으로 온 사회가 들끓습니다.

정도언 지금 사회 전반에서 갈등을 현명하게 치유하지 못하고 극단적인 대립으로 치닫고 있는 것 같아 걱정이 됩니다. 예를 들어 '과거 청산'을 둘러싼 대립은 어떻게 보시는지요?

조두영 도덕을 너무 강조하면 사회 전체에 활기가 없어지고, 결국 자기도 못살고 남도 못살게 됩니다. 인간에게는 돈 욕심말고도 권력욕, 성욕, 명예욕 같은 다른 종류의 욕망이 있고, 도덕성도 각기 다른 종류의 것이 있습니다. 도덕성이란 단어를 함부로 쓰면 위험합니다. 다른 종류의 도덕을 지켜 온 사람에게는 불공정할 수도 있습니다. 너무 도덕성만 강조하면 사회가 오래 갈 수 없습니다. 공산주의도 인간의 욕망을 너무 눌러서 오래 가지 못했지요.

정도언 명분론과 흑백론 택일에 강박되어 있다 보니 찬성과 반대만 있습니다. 중간 지대가 없으니 타협과 협상의 여지도 없고요. 정치하는 사람들이 특히 이런 사고 방식을 가지고 집단으로 몰려다닙니다. 집단주의는 정체성이 흔들린 채 몰려다니는 청소년 문화입니다.

조두영 2002 월드컵 때 붉은 악마의 응원을 보니 군중의 힘이 모아지는 데에서 희열을 느꼈습니다. 순수하고 자발적인 대규모 군중 모임이 가능하다는 감동도 있었지요. 그런데 근래 들어 이런 군중 집회가 정파나 이념 쪽으로 치우치는 경향이 있어 걱정됩니다. 공연히 1936년 독일 뉘른베르크 나치 전당 대회 때의 군중이 연상됐습니다.

정도언 젊은 사람들의 시위는 놀이 문화의 성격이 큽니다. 청소년기 특징
중에 기존의 가치나 권위에 대한 도전과 반항이 있는데, 지금 우리
의 격동적인 사회 현상을 이것으로 설명할 수 있을까요?

조두영 부모가 한때 자식을 지배하는 것은 돈과 힘을 가졌기 때문이지요.
근래에 부쩍 가진 자가 죄인 취급을 받는데, 정신과 의사가 되어
사회의 이면을 보니 그게 아니었어요. 부자들의 사생활은 오히려
불행한 경우가 많습니다. 이런 것을 아직 많은 사람들이 모르고 있
을 뿐입니다. 자본주의의 과실을 따먹는 사람은 다소 여유가 있는
보통 사람들입니다.
지금이야말로 대통령이 학생들에게 돼지 저금통을 나누어 주면서
"나에게는 부자들의 사회적 공헌을 잘 몰랐던 부끄러운 과거가 있
었다. 이제 우리 부자를 본받자!"는 말씀을 하면 좋겠습니다.

정도언 돈에 대한 한국인의 이중적 가치관은 소위 양반 문화에서 자본주
의 사회로 급속하게 옮겨오면서 정리가 안 된 상태로 보입니다. 선
진 시민사회가 발전하면서 겪었던 건전한 개인주의의 함양 쪽으로
방향을 돌려야 합니다. 합리적 판단 아래 자신의 독립적인 목소리
를 낼 수 있어야지, 집단이나 조직의 힘에 의존하고 그것이 국가의
운명에 영향을 주는 것은 불행한 일입니다.

조두영 세상에는 회색층(灰色層)에 속하는 사람이 압도적으로 많고, 그들

이 숨어 있는 민심 주도층입니다. 정치인들은 이런 당당한 사람들을 존중하고 두려워할 줄 알아야 합니다.

정도언 한 가지 잣대로만 인간을 평가하는 것을 집요하게 주장한다면 그 뒤에는 감정적 판단이나 개인적인 이해 관계가 숨어 있을 겁니다.

조두영 연쇄 살인범으로 세상이 떠들썩합니다. 그만큼 두려운 세상이 되었고요. 현대인의 폭력성은 어디에서 비롯되는 걸까요?

현대의 폭력성은 경쟁과 돈에서 기인합니다.

권위파괴도 일종의 폭력, '스승'이 무너지고 있어요.

정도언 인간의 폭력성은 평소에는 윤리 도덕, 사회적 가치, 법률, 그리고 경찰의 통제 때문에 발동이 되지 않습니다. 유전적 차이도 다소 있겠지요. 현대 사회에서 폭력성 표출을 좌우하는 요소는 경쟁과 돈이 아닐까 합니다.

조두영 비좁은 공간도 폭력성 표출에 한몫하는 것 같습니다. 농촌에서 살다가 도시 영세민이 되면 이웃의 소음과 자극에 무방비 노출이 돼 폭력적으로 변하게 되지요.

정도언 대중 매체의 영향도 무시할 수 없겠습니다. 폭력적인 것을 자꾸 보다 보면 익숙해지고 저질러도 죄책감을 덜 느끼게 됩니다. 권위의 파괴도 일종의 폭력입니다. 권위 자체가 시대의 흐름을 읽지 못한 문제도 있지만, 권위의 파괴를 통해 얻고자 하는 숨은 동기와 집단적 운동이 있었기에 가능했던 것이죠.

가장 가슴 아픈 것이 '스승'의 추락입니다. 이미 대가족은 무너졌습니다. 핵가족 역시 이혼이나 '기러기 아빠'가 점점 늘어나고 있습니다. 부모에게 의존하는 만년 청소년들도 늘고 있습니다.

조두영 한국 사회의 대가족 대체 기능을 여자들은 종교 모임, 남자들은 직장에서 찾고 있습니다.

정도언 퇴직당하는 것이 마치 대가족에서 파문당하는 것 같은 상징성이 있어 한국 남성들에게는 아주 힘이 듭니다. 개인주의 문화권에서는 우리만큼 큰 심리적 부담을 받지 않을 것입니다.

조두영 서양은 수천 년 전부터 수렵·유목 사회였기 때문에 청년들의 사회였지만, 동양은 농사의 지혜를 가지고 있는 노인들 중심 사회였습니다. 정보 사회가 되면서 이제는 노인들이 '존재 이유'가 없어져서 당황하게 되었습니다. 여성의 힘도 무척 강해졌습니다. 그런데 이 분들의 에너지가 쓰일 데가 마땅치 않습니다.

정도언 여자들은 집에서 아이를 통해 자기 실현의 대리 만족을 얻으려 하지요. 교육에서 아이와 어머니가 밀접하게 연결됩니다. 특히 아들과 어머니의 지나친 정서적 밀착은 아들의 유약성의 뿌리가 됩니다.

현실에서 냉정한 게 서양인이라는 걸 잘 몰라요.

치열하게 돈 벌어본 사람들이 나랏일 해야지요.

조두영 우리는 서양인들이 상상하는 것보다 매우 냉정하다는 것을 잘 모
르는 것 같습니다. 서양에서 공부하면서 선생이나 상류층 사람들
이 보여 주는 기독교 정신, 민주주의, 너그러움을 배워 가지고 왔
는데, 겉만을 본 것입니다.

서양인과 생활 전선에서 경쟁해 보아야 진짜 그 속을 알게 되지요.
그들은 맹수와 싸우던 수렵 민족의 유전자를 지닌 사람들입니다.
선을 넘으면 잔인할 정도로 가차없습니다. 하늘에 기대던 농경 민
족과는 달라요. 서양인 틈에 끼여 치열하게 돈 벌어본 사람들이 정
부에 많이 들어갔으면 좋겠습니다.

정도언 우리의 문제점들도 잘 뒤집으면 오히려 장점으로 작용하지 않을까
하는 생각이 듭니다. 예컨대 집단주의는 단결로, 명분주의는 투명
성으로 승화시키면 좋겠습니다.

조두영 지금 동아시아에서 우리의 위상은 유럽으로 치면 베네룩스 3국 중
한 나라 정도가 아닐까 하며, 우리 국민들은 실체 없는 욕심은 내
지 말았으면 합니다. 그렇다고 너무 비굴하지도 않아야겠지요.

김용구——전재성

한림대 한림과학원 특임교수 김용구와 서울대 외교학과 교수 전재성은
전재성이 1983년 서울대 외교학과에 입학함으로써 사제의 인연을 맺었다.
김용구는 서울대 외교학과에서 학사와 석사, 박사 학위를 받은 뒤 33년간 교수로 재직한
국제 정치학계의 원로. 국제 정치학회 회장, 서울대 사회대 학장을 역임했고,
2002년 학술원 회원으로 선임됐다. 저서로는 『소련 국제법 이론』, 『세계외교사』, 『루소와 국제 정치』,
『외교사란 무엇인가』, 『세계관 충돌과 한국 외교사』, 『임오군란과 갑신정변』 등이 있다.
전재성은 서울대 외교학과에서 학사와 석사 학위를 받고 미국 노스웨스턴대에서 박사 학위를 받았다.
숙명여대 교수를 거쳐 2003년부터 서울대 외교학과에 재직하며,
국제관계사, 국제관계이론을 가르치고 있다.

기술과
이념의 외교를 넘어
철학의 외교로 나아가자

전재성 21세기의 국제 정치를 헤쳐나가기 위해 우리의 국제 관계사에 기
반한 국제 정치학이 긴요합니다. 선생님께서는 평생 한국 외교사
연구에 전념해 오셨고, 최근 한국 외교사 5부작 중 두 번째 책인
『임오군란과 갑신정변』을 출간하셨습니다. 현재 연구 동향과 목적
을 말씀해 주시지요.

김용구 요즘 세 가지 작업을 하고 있습니다. 하나는 한국 외교사 5부작을
완결하는 작업입니다. 5부작 중 두 번째 책인 『임오군란과 갑신정
변』을 끝내고, 세 번째 책인 『거문도 사건과 조선 · 러시아 관계』를
정리하고 있습니다. 이 책은 한국 외교사의 파행적인 세계화 과정
을 추적하는 작업입니다. 두 번째 작업은 15년 전에 나온 세계 외
교사를 완전히 개정, 보완하는 일입니다. 작년에 한림대학교 특임
교수가 된 이후에 제 책을 정독했습니다. 여러 가지 미비한 점을

발견하고 경악했습니다. 내용을 증보하고 참고 문헌의 보완이 시급하다고 생각합니다. 끝으로 한국 외교사 5부작 중 이미 나온 책들을 영어로 번역하는 작업입니다. 그 첫 번째 책『세계관 충돌과 한말 외교사』중 병인양요와 신미양요 관련 부분을 번역한 것이 『Five Years' Crisis』이고 그 속편으로 명치유신 이후 한·일 관계를 번역한 『Korea and Japan—The Clash of Worldviews, 1868-1876』는 현재 인쇄 중입니다.

지난 1997년 『세계관 충돌의 국제 정치학』을 발표하면서 열 권에 달하는 비교 국제 관계사를 집필한다고 공언한 적이 있습니다. 한국 외교사는 이 중에서 하나일 뿐이었습니다. 그러나 첫 번째로 『춤추는 회의』를 낸 뒤 고민이 되었습니다. 우선 몇 십 년이 걸리는 작업이 아닌가 하는 생각이 들었고, 한국 외교사 문제가 아직 정리되지 않아서 이 문제에 먼저 착수하는 것이 급선무라는 생각이 들었습니다.

전재성 선생님께서는 동·서양 외교사, 특히 19세기 한국 외교사 연구에 많은 업적을 남기고 계십니다. 언젠가 학회보에 외교사란 강대국 외교의 산물이고, 조약이란 강대국 인식의 표현이란 취지로 말씀을 남기신 적도 있는데, 외교사 연구를 평생 하시면서 가지고 계신 목적이나 소회가 있으시다면 듣고 싶습니다.

김용구 한국 외교사의 기본 목적은 한반도의 역사적인 현주소를 밝혀내는
것입니다. 정신적인 현주소라고도 할 수 있겠지요. 그런 정신적인
구조는 외교 문서 속에 응축되어 있는데, 외교사는 외교 문서 속에
함축되어 있는 그런 정신 구조를 분석하는 학문 분과입니다.

열강의 한반도에 대한 인식 태도는 그들의 문서 속에, 그리고 우리
의 인식 구조는 우리의 문서 안에 응축되어 있습니다. 이때에 정신
구조, 세계관, 인식 태도란 대외 문제에 대한 무의식적인 반응을
말합니다. 그런 무의식적인 반응은 오래 된 믿음이나 두려움의 산
물입니다. 논리의 문제라기보다는 표현될 수 없는 어떤 강박 관념
의 반응입니다. 이런 정신 구조는 수백 년 지속되기도 합니다.

그런가 하면 그 사회의 문화 수준에 따라 정신 구조의 부정적인 측
면을 단시일 안에 극복하는 경우도 있습니다. 1815년 빈 회의 이후
영국에 대한 프랑스의 적대적인 태도라든지 비스마르크의 통일 정
책에 대한 남부 독일 지역의 부정적인 태도 극복이 그 사례입니다.

전재성 미제국론, 문명 충돌론, 세계화론 등 서구 학자들의 다양한 전망을
보면서 지식의 국제 정치에서 우리의 시각을 시급히 정립해야겠다
는 생각이 듭니다. 선생님께서는 한국 외교사의 연구에서 비롯된
독자적인 시각으로 '세계관 충돌' 의 외교사를 제시하고 계시는데,
그 핵심 내용은 무엇입니까?

**폭력은 물리적인 강압을 포함해 자기 의사와 이익을
남에게 강요하는 정신적인 지배 현상이에요.**

김용구 세계관 충돌이라는 개념은 비교 문명권 이론에 입각하고 있습니다. 충돌이란 어떤 물리적인 접촉만이 아니라 상이한 정신 구조의 만남 전체를 의미합니다. 이들 사이의 오해와 굴절, 저항, 선택 모두를 지칭합니다.

19세기 충돌은 근본적으로 폭력적인데, 그 까닭은 유럽 문명권의 본질이 폭력이었기 때문입니다. 폭력은 물리적인 강압을 포함해 자기 의사와 이익을 남에게 강요하는 정신적인 지배 현상 모두를 지칭합니다. 역사적으로 여러 문명권들이 존재하고 있다는 이 엄연한 사실을 유럽 사회가 인정하기 시작한 것은 놀랍게도 19세기 이후입니다. 그리고 유럽 문명권의 공법 질서와 유교 문명권의 사대 질서가 충돌하기 시작한 것은 아편 전쟁 이후입니다.

이런 세계관의 충돌이 19세기 한국 외교사에 나타난 핵심적인 특징을 보면 다음과 같습니다. 먼저 1866년 프랑스라는 특이한 정치 세력과 충돌합니다. 프랑스는 유럽 문명의 특징과 더불어 프랑스적인 독특한 정신 구조를 지닌 정치 집단입니다. 프랑스적이란 의미는 제3공화국의 성격을 말하는데, 가톨릭 전파를 정치 명분으로 갖고 있던 세력입니다. 제3공화국 프랑스에서는 가톨릭 세력의 영향은 절대적인 것이었습니다. 1866년 프랑스 해군의 노략질로 인해 우리는 세계를 정확히 볼 수 있는 여유를 상실합니다. 위정척사론에 의한 저항적인 측면이 정면에 나오는 것도 이때입니다.

다음은 1871년 미국의 침략입니다.『해국도지』에 의해 형성된 미국관에 일대 수정이 필요한데도 한 번 형성된 미국에 대한 좋은 이미지는 그리 쉽게 변하지 않았습니다.

부정적인 영향을 준 것은 오히려 침략을 감행한 미국이 지닌 한반도 이미지입니다. 야만적이고 쓸모없는 지역으로 인식한 이런 부정적인 인식은 오래 지속됩니다. 1882년 서양 세력 중 처음으로 미국이 조선과 조약을 체결한 것은 이율 배반적인 얘기 같습니다만 한반도에 대해 무관심했기 때문입니다. 조약 체결 이후 1905년 우리가 외교권을 상실할 때까지 워싱턴 당국은 한반도는 관심 밖의 지역이었고, 국무부에는 한반도 전문가도 없었습니다. 관심을 가진 것은 이 곳 서울에 와 있던 미국 외교관들이었습니다. 조선 위정자들은 워싱턴 당국의 정책과 서울 현지 외교관들의 개인적인 관심을 혼동하기 시작했습니다.

다음으로 명치유신을 거친 일본과 충돌합니다. 명치유신 이후 8년 동안의 위기가 이를 말해 줍니다. 일본은 청조의 등장 이후 사대 질서 밖에 존재한 정치 세력이었고, 명치유신 이후 서양 공법 질서에 입각해 조선과의 관계를 재수립하려고 했습니다. 8년의 위기를 거쳐 체결한 강화도 조약은 이런 두 질서의 충돌 결과입니다. 이 조약의 해석은 새로운 각도에서 다시 검토해야 한다고 생각합니다.

다음으로 등장한 특이한 집단은 중국입니다. 1880년을 전후해 중국은 매우 다른 국가로 변합니다. 사대 질서의 종주국이 공법 질서의 식민 본국으로 변합니다. 주변 지역을 전통적인 속방에서 공법 질서의 속국으로 변질시키려고 합니다. 그리고 그 명분을 전통적인 사대 질서에서 찾으려 합니다. 현재 중국의 한반도 문제에 관한 역사 선전도 이런 해석의 아류에 불과하지요.

이런 복잡한 상황에 슬라브 세력이 가세합니다. 러시아는 세 가지의 전통을 가진 독특한 세력입니다. 하나는 서유럽에 대한 열등의식, 희랍 정교의 종주국으로서 세계 구원 의식, 그리고 아시아에 대한 우월 의식입니다. 우리에게 잘 알려진 도스토예프스키는 철저한 아시아 천시주의자이며, 다닐레프스키도 그렇습니다.

기본적으로 세계관 충돌이란 시각은 비교 문명권에 입각하고 있습니다. 학부 시절부터 유교와 이슬람, 기독교 문명권에 관해 흥미를 가졌습니다. 1950년대 말에는 미국의 행태주의 국제 정치 이론이 세계에 풍미하자, 영국의 교수들은 '국제 정치이론 영국위원회'를 결성해 비교 국제 사회 이론을 천착하기 시작했습니다. 1960년대 말 헤이그 국제법 아카데미에서는 비교 문명권의 명분 세계 분석에 주력했습니다.

제가 말하는 세계관 충돌은 기본적으로 서유럽 외교사 연구에 대한 회의(懷疑)에서 비롯되었습니다. 세계 외교사를 유럽의 세계 팽창사로 간주해 연대기적으로 서술하는 '유럽 중심주의'에 입각한 그들 서술 체계에 대한 회의입니다. 이 문제와 관련해 저에게 여러 암시를 해 준 것은 서유럽과 반대 입장에 있던 러시아의 극단주의에 속한 다닐레프스키의 『유럽과 러시아』라는 방대한 책입니다.

이 책은 크림 전쟁 당시 아무런 이유 없이 러시아를 침략한 영국과 프랑스에 대해 울분에 찬 저술입니다. 논리의 비약이나 자연 과학자의 공식적인 설명이 주류를 이루고 있지만, 유럽 문명권의 본질에 대해서는 혜안에 찬 저술입니다.

낮은 수준의 세계 인식 태도를 일컫는 오지사고의 극복은 문화 수준 향상을 통해 가능해요.

전재성 선생님께서는 19세기 한국 외교 사고의 근저에 오지사고라는 근본적 문제가 있다고 지적하신 적이 있습니다. 여기서 오지사고란 무엇이며 어떠한 문제점을 가지고 있습니까?

김용구 오지사고란 19세기 주변 지역 중 가장 낮은 수준의 세계 인식 태도를 지칭하려고 제가 창안한 용어입니다. '오지(hinterland)'란 용어는 히틀러의 어용 지정학자들이 쓰던 낱말이어서 거부감이 있을 수 있으나, 19세기 이래 우리의 처지를 웅변적으로 나타낸다고 생각해 사용하고 있습니다. 남미 문제 전문가인 미뇰로는 '변경사고(border thinking)'라는 말로 남미 상황을 설명하고 있습니다. 한반도의 오지사고는 1800년 정조가 승하한 이후 형성되어 현재에 이르고 있는데, 그 특징을 요약하면 다음과 같습니다.

첫째, 세계 인식의 타율성입니다. 세계 정치에 대한 인식을 자신의 문화 수준의 향상에 입각해 보지 못하고 세계 다른 지역의 인식으로 안이하게 대신하고자 하는 사고 방식입니다. 둘째, 중심 문화 수용의 일변도인 사고입니다. 세계 정치에는 중심과 주변이 존재합니다만 주변도 여러 형태가 있습니다. 오지사고는 다른 주변에 대한 인식이 부족한 것이 특징입니다. 셋째, 본질 대 형식의 대립에서 오지사고는 국제 정치 구조의 본질을 파악하지 못하기 때문에 국제 정치 현상 중 형식적인 측면에 치중합니다. 넷째, 책임 전가의 문제가 있습니다. 즉, 오지사고는 외부 문화 수용의 실패를 모두 중심 세력에 전가합니다. 슈펭글러가 말하는 '가정(假晶,

pseudomorphosis)'의 현상이 만연된 지역의 사고 방식입니다. 21세기의 현상을 19세기의 사고로 해석하는 경향이 오지사고의 특징이기도 합니다.

이러한 오지사고의 극복은 우리 학계가 지닌 가장 중요한 과제 중 하나라고 믿습니다. 극복은 문화 수준 향상을 통해 가능하고, 특히 대외 문제에 대한 인식 고양은 '창조(invention)'를 통해 가능합니다. 창조는 무에서 유를 만든다는 의미가 아니고 과거의 경험에 새로운 의미를 부여한다는 의미입니다. 물론 이런 의미 부여는 세계 학계가 인정하고 수긍하는 차원에서 진행돼야 합니다. 그렇지 않다면 그런 의미 부여는 또 하나의 오지사고일 뿐입니다.

우리는 실학, 특히 북학파의 위대한 전통을 지니고 있습니다. 이런 전통을 다시 '창조' 해야 합니다. 1788년 『동문휘고』라는 위대한 외교 문서집 편집의 전통을 다시 창조해야 합니다. OECD 국가 중 자신의 외교 문서집을 갖지 못한 나라는 한국이 유일할 것입니다. 오지사고를 웅변적으로 말해 주는 예이지요.

현재 진행하고 있는 집필을 계획대로 완성한다면, 그 이후에는 크게 두 가지 일을 시도하려고 합니다. 하나는 유럽 문명권, 사대 질서, 공산주의 세계, 이슬람 세계에 관해 오랫동안 수집해 온 자료들을 동원해 비교 국제 사회론 또는 비교 국제 관계사를 써볼까 합니다. 다른 하나는 한국외교사사전을 만들어 보려는 오래 된 꿈을 이루었으면 합니다. 일본 외무성이 편찬한 『일본외교사사전』과 같은 사전을 구상하고 있습니다.

전재성 한국 국제 정치학의 가장 큰 문제와 과제는 무엇이라고 생각하십니까? 또한 서구의 국제 정치학과 비교하여 이를 어떻게 수용하고 소화하는 것이 바람직하다고 생각하십니까?

국제 정치학자들이 지닌 임무는 사회가 나아갈 바에 대한 원칙과 경륜을 제시하는 일이에요.

김용구 저는 한국 국제 정치학계가 일대 전환기를 만들어내야 한다고 생각합니다. 한국의 대외 인식에 관한 명분 세계는 크게 세 번의 전환기가 있었다고 봅니다. 첫째는 실학, 북학파의 전통을 이어 받은 개화파 인사들의 노력으로 국권을 1910년까지 그나마 유지한 시기입니다. 다음은 36년 일제 시기로 나라가 없어진 것이 세계 학계에서 한국학의 불모지로 만든 기본 원인입니다. 마지막으로 1945년 이후의 시기인데, 크게 보아 성공하지 못한 시기라고 판단합니다. 절대적인 의미에서는 발전이 있었으나 세계의 여러 국가들과의 비교적인 의미에서는 실패였다고 진단합니다. 여러 가지 증거를 제시할 수 있습니다만, 아마 가장 두드러진 예는 냉전 시대 구소련에 관한 인식을 들면 충분할 것입니다. 상세한 예를 들자면, 소련 군사비 계산 문제, 태평양 함대 전력에 대한 무지, 러시아 자체에 대한 무지, 소련사와 러시아사에 대한 무지를 들 수 있겠습니다.

이런 단계를 속히 탈피해야 합니다. 국제 정치학자들이 지닌 임무는 그가 살고 있는 사회가 어떤 국제 정치적인 진로를 밟아야 하는가 하는 원칙과 경륜을 제시하는 일입니다. 이 일은 철저한 기초 이론에 입각해야 합니다. 외국 기초 이론의 결론만을 차용한 정책 연구가 얼마나 위험하고 우리 사회의 진로와 역방향에 있게 되는 결과를 초래하게 되는지는 위의 구소련 정책 연구에서 잘 나타나 있습니다.

전재성 선생님께서는 외교사가로서 또한 국제 정치학자로서 21세기를 어떻게 보고 계십니까? 21세기를 대하는 한국인들의 태도를 어떻게 평가하십니까?

김용구 한반도는 19세기에서 21세기까지, 3세기에 걸친 역사적 문제를 해결하지 못한 유일한 지역입니다. 19세기의 사명은 근대 국가의 창설이고, 20세기는 냉전의 해결이며, 21세기는 세계화 문제의 해결입니다. 이런 역사적 문제들을 동시에 해결해야 할 상황에 처해 있습니다. 19세기가 21세기에 어떤 시사 또는 비교를 할 수 있는가 하는 문제에 대해 저는 19세기 문제는 곧 21세기 문제라고 생각합니다. 아울러 19세기의 국제 정치 현황이 오늘날과 비슷하기 때문에 역사를 배워야 한다는 주장에는 반대합니다. 비슷하다는 것은 학문적 기준이 될 수 없기 때문입니다.

19세기 열강들의 한반도 인식이 큰 흐름에서 아직 상존하고 우리의 대외 인식 수준이 19세기적이라는 데에서 역사를 배워야 한다고 봅니다. 과거가 현재를 말하는 것이 아니라 현재가 과거를 말합니다. 이런 의미에서 19세기는 곧 21세기입니다.

전재성 우리 정부와 시민 사회 등 모든 주체들이 외교에 관해 어느 시대보다도 많은 의견의 편차와 대립을 보이고 있습니다. 흔히 보수와 진보, 자주 중시와 동맹 중시 등으로 표현되는 한국 내 외교관의 대립에 관해 어떻게 보십니까?

김용구 의견 대립은 민주주의 사회의 특징입니다. 다만 공적인 절차와 토론을 통한 대립이어야 합니다. 그리고 국제 정치의 기본 문제나 핵심 사항에 대한 논쟁이어야지 정파적 대립은 금물입니다. 본질을 떠난, 형식적인 그리고 집단 이익 사이의 극심한 대립은 세계 중심 지역의 국제 정치 구조가 격변할 때 세계의 주변 지역 중 오지사고의 지역에서 나타나는 현상입니다. 무엇보다 행위자들이 중세 질서, 근대 행위자, 유럽 연합과 같은 현대 행위자, 미국과 같은 초현

대적인 행위자들이 공존하고 있습니다. 이런 시대를 조망할 수 있
는 능력이 없는 상황에서는 비본질적인 문제로 의견 대립이 심화
되고 있을 뿐입니다.

**우리 외교의 최대 화두는 역시 한미 관계입니다.
필수 불가결한 세력에 대한 감정 비판은 오기일 뿐이죠.**

전재성 한국 외교의 최대 화두들 중의 하나는 한·미 관계일 것입니다. 21
세기에 접어든 현재 우리가 좀 더 총체적이고 미래 지향적인 국제
정치관과 한·미 관계의 전략을 가지고 있을까요? 21세기의 미국
과 한·미 관계의 장래를 어떻게 보고 계십니까?

김용구 미국은 9·11 사태 이후 다른 차원의 국가가 됐습니다. 역사적으로
존재해 온 '제국주의적 공화주의(Imperial Republic, 레이먼드 아
론)' 또는 '공화주의적 제국(Republican Empire, 브래드퍼드 퍼킨
스)'의 뿌리가 완성 단계에 도달했습니다. 다시 말하자면 인민 주
권론과 개인주의 사상에 입각한 세계 제국의 등장입니다.

제국이라는 용어는 19세기 말에서 20세기 초 이후 사용을 꺼린 단
어입니다. 제국주의와 연결되어 있기 때문입니다. 그러나 특히 9·
11 사태 이후 "미국은 제국이다."라는 말이 찬반 양쪽에서 모두 사

용하고 있습니다. 여기에 역사적으로 존재해 온 '미국적 예외주의'
사상이 결부되어 있습니다.

예외주의란 당초 유럽이 보유하지 못한 우월한 사상적 전통을 가
리켰는데, 9·11 사태 이후에는 미국적인 것이 세계를 지배해야 한
다는 적극적인 측면이 부상하고 있습니다. 또한 예방 조치 또는 예
방 전쟁론에 입각해 유엔 헌장 자체에 대한 문제 제기가 나오고 있
습니다. 그리고 국제법이 미국 국내법과 어떤 측면에서 구별되는
지 모호하게 되었는데, 현재 쿠바 관타나모에 억류된 아프가니스
탄 포로 대우의 문제가 이를 잘 말해 주고 있습니다. 이제 미국은
'필요 불가결한 세력' 입니다. 세계 어느 나라 문제이든 간에 미국
의 관여나 협의 없이는 해결될 수 없게 되었습니다. 미국이 현재
세계 제국의 역할 수행에 문제가 있지만 세계 제국으로서의 미국
의 존재는 국제 정치 현실의 한 여건입니다.

우리의 임무는 여러 시나리오를 연구하고 이에 대한 진로를 모색
하는 것입니다. 우리가 미국의 국제 정치 방향을 논리적인 입장이
아니라 감정적인 측면에서 시정을 요구하는 것은 일종의 환상이거
나 오기에 지나지 않습니다. 미국의 방향 설정은 미국 사람들의 몫
입니다.

전재성 일부 논자들은 미국과의 수평적 관계를 주장하면서 중국에의 접근

을 주장하는 의견을 개진하기도 하고, 근래에는 중국의 고구려사 편입 시도가 노골화되면서 중국 비판 정서가 자라나고 있기도 합니다. 선생님께서는 중국을 어떻게 파악하고 어떠한 외교를 하는 것이 좋다고 생각하시는지요?

김용구 저는 중국 전문가가 아닙니다. 고구려 역사 문제나 독도 문제를 보면서 1951년 프랑스와 독일 사학자들의 선언을 떠올립니다. 두 나라는 정신적인 적국이었는데도 양국의 지도적인 역사학자들이 제1차 세계대전의 원인 문제를 앞장서서 해결을 모색한 선언이었습니다. 고구려 역사나 독도 문제와 같은 명분 세계에 속하는 문제는 누구보다 먼저 지식인들이 해결해야 하기 때문입니다.

이런 문제는 한·일·중 3국의 학자들이 정기적인 회의를 거친 토론이 선행돼야지 정권 담당자들이 전면에 나서는 것은 좀 생각해 보아야 할 문제입니다. 명분 해석 문제로 현실 외교에 악영향을 미친다는 것은 좋은 방도가 아니라고 봅니다.

전재성 근대에 편입된 이래 한국은 35년 간의 외세 침탈, 35년 간의 일제 시대, 45년 간의 냉전을 겪으면서 외교다운 외교를 하기 어려운 처지에 놓여 있었습니다. 탈냉전기 한국 외교를 둘러싼 국민들의 분출되는 열정을 보면서 우리 모두는 외교의 방향 설정에 많은 어려움을 겪고 있는 것으로 보입니다. 우리 정부의 외교 전략에 대해 어떠한 말씀을 해 주실 수 있으신지요.

탈냉전기 국민들의 외교 열정이 분출되고 있는데요.
적과 동지를 한 번 도치시키면 회복이 어렵지요.

김용구 정상적인 외교가 있는지 의문입니다. 굳이 있다면 투쟁적, 이념적
외교가 있을지 모르겠습니다. 마치 프랑스 혁명 이후나 소련 혁명
이후의 외교와 유사하지 않나 생각합니다. 외교 행위를 선악으로
구별하거나 추진하려는 이념을 먼저 설정하는 것이 매우 유사합니
다. 민주 사회에서는 정권은 교체됩니다. 그러나 외교 노선은 지속
적이어야 합니다. 국제 정치에서 적과 동지를 한 번 도치시키면 그
것을 회복하는 데에는 오랜 시간이 걸린다는 걸 세계 외교사가 잘
보여 주고 있습니다.

전재성 한국 외교의 개선 방향에 관해서는 실로 많은 의견들이 개진되고
있습니다. 최고 결정자의 역할, 외교 관련 각 부처들의 협조 문제,
외교부의 위상과 조직 등 앞으로 한국의 외교를 발전시키기 위해
어떠한 일들이 필요한지, 큰 방향을 제시해 주시기 바랍니다.

김용구 후진국의 특징은 제도와 현실이 괴리되어 있다는 점입니다. 세계
역사에서 볼 때, 제도와 현실 괴리가 현격한 두드러진 나라는 제정

러시아나 오스만터키였습니다. 한 가지 일화를 소개합니다. 러시아와 일본 사이에 전쟁 위험이 고조될 당시 1902~03년 사이 뤼순에서는 만주에 있던 고위 당국자들 사이에 회의가 빈번히 열렸습니다. 만주군 사령관 쿠로파트킨 장군이 회의장에 들어서자, 현직 장교가 베조브라조프 일당의 압록강 벌목 회사의 직원을 겸한 것을 목격하고 그 자리에서 계급장을 떼고 퇴역시킵니다. 그 장교는 아무 거리낌없이 물러납니다. 현직 장교뿐 아닙니다. 외교관, 영사들도 이 회사의 일을 보고 있었습니다. 압록강 벌목 회사는 황제 측근들의 주식회사였습니다. 외교를 제도화해야 합니다. 권력은 한시적이지만 외교는 영원하기 때문입니다.

전재성　국제 정치는 생활 세계와는 다른 냉정한 논리에 의해 움직이고 있습니다. 국제 정치학자의 사명은 날이 갈수록 중대해지고, 국제 정치에 대한 올바른 지식이 나라의 운명과 직결될 것입니다. 앞으로 후학들이 학문과 한국 외교의 발전을 위해 어떠한 노력을 기울여야 할지 말씀해 주시기 바랍니다.

김용구　저는 후학들이 '철학자로서의 지식인' 이 되길 바랍니다. 지식인은 활자나 기호를 통해 자신의 생각을 전파하여 그 사회의 문화 향상에 영향을 주는 사회 계층을 지칭합니다. 교수와 언론인, 종교인이 대표적인 계층이라고 볼 수 있습니다. 물론 저는 지금 국제 정치학자들을 대상으로 말씀드립니다. 지식인은 세 가지 유형이 있다고 생각합니다.

첫째, '기술자(technician)로서의 지식인'입니다. 강대국 국제 정치 이론을 충실히 전파하는 집단인데, 이들의 역할은 긍정과 부정 두 가지가 있습니다. 강대국 이론을 전달하는 면에서는 긍정적일 수 있으나, 전달 자체가 자기 해석이 결부되기 때문에 매우 위험한 전달이 될 수 있습니다. 무엇보다 문화 제국주의의 첨병 역할을 무의식적으로 하게 되는 결과를 초래합니다.

둘째, '이념 전달자 또는 이념 창조자(ideologue)로서의 지식인'입니다. 특정 정당, 정치 집단의 명분을 선전하는 집단인데, 그들이 지탱하려는 집단의 성격에 따라 역할이 상이하고 이른바 선진국과 후진국에서의 그들 역할도 상이합니다. 1960년대 이후 너무 많은 교수들이 이 유형에 해당하는 것이 한국 국제 정치학 발전에 과연 도움이 되는 일인지 생각해 봐야 할 문제입니다.

셋째, '철학자(philosopher)로서의 지식인'입니다. 자신이 처한 국가나 사회의 역사적 발전 방향을 설정해 이에 대한 원칙을 제시할 수 있는 지식인입니다. 저는 후학들이 이런 지식인이 되길 간절히 바라며, 무엇을 연구할 것인가는 하는 문제는 철학자로서의 지식인에게는 자연히 뒤따라 발생하는 부차적인 문제입니다.

엮은이

이선민 · 조선일보 문화부 차장
최홍렬 · 조선일보 전국 뉴스부 기자

제 자 , 스 승 에 게 길 을 묻 다

1판 1쇄 찍음 2006년 5월 3일
1판 1쇄 펴냄 2006년 5월 10일

엮은이   이선민 · 최홍렬
편집인   장은수
발행인   박근섭
펴낸곳   (주) 황금가지

출판등록   1996. 5. 3. (제16-1305호)
주소   135-887 서울 강남구 신사동 506 강남출판문화센터 5층
전화   영업부 515-2000 / 편집부 3446-8773 / 팩시밀리 515-2007
홈페이지   www.minumin.com

값 12,000원

ⓒ (주) 황금가지, 2006. Printed in Seoul, Korea

ISBN 89-8273-996-3 03300

* 민음in 은 민음사 출판 그룹의 새로운 브랜드입니다.